U0895486

绽放的禅境

戎川 王欢欢◎著

中国财富出版社

图书在版编目（CIP）数据

绽放的禅境 / 戎川，王欢欢著. —北京：中国财富出版社，2012. 12

ISBN 978 - 7 - 5047 - 4260 - 5

Ⅰ. ①绽…　Ⅱ. ①戎… ②王…　Ⅲ. ①禅宗—研究　Ⅳ. ①B946. 5

中国版本图书馆 CIP 数据核字（2012）第 086502 号

策划编辑　初景波　　**责任印制**　方朋远
责任编辑　白　柠　　**责任校对**　孙会香　杨小静

出版发行　中国财富出版社（原中国物资出版社）
社　　址　北京市丰台区南四环西路 188 号 5 区 20 楼　**邮政编码**　100070
电　　话　010 - 52227568（发行部）　010 - 52227588 转 307（总编室）
010 - 68589540（读者服务部）　010 - 52227588 转 305（质检部）
网　　址　http：//www. clph. cn
经　　销　新华书店
印　　刷　北京京都六环印刷厂
书　　号　ISBN 978 - 7 - 5047 - 4260 - 5/B · 0328
开　　本　880mm × 1230mm　1/32
印　　张　7. 375　　**版　　次**　2012 年 12 月第 1 版
字　　数　136 千字　　**印　　次**　2012 年 12 月第 1 次印刷
印　　数　0001—3000 册　　**定　　价**　18. 00 元

目录

微笑

佛陀与迦叶的以心传心

微笑的含蕴

因为领会了最高最大最宽广，
从而用心在最小最细腻的小事上，
这是一种大圆融大智慧。

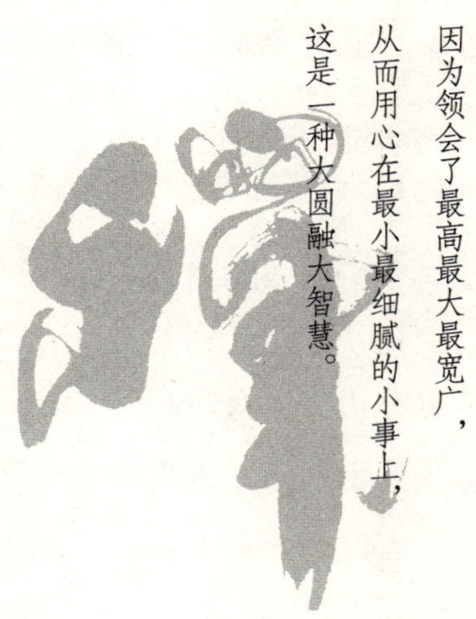

“世尊拈花，迦叶微笑”是禅宗的一个著名典故。

有一次大梵天王在灵鹫山上请佛祖释迦牟尼为众弟子说法。众人静默而坐，等待聆听导师的教诲。佛祖拈起一朵大梵天王布施的金婆罗花，意态安详，却一句话也不说。

往日世尊在为大家宣讲圣法的时候，总是异象不断，气势宏大，而此时世尊面容安详，从容淡然，他手中的婆罗花金光四射，映照四壁。众弟子面面相觑，都不明白世尊意欲何为。

安静中，唯有佛陀弟子迦叶尊者破颜微笑，似有所得。

世尊随即宣讲法音："吾有正法眼藏，涅槃妙心，实相无相，微妙法门，不立文字，教外别传，付嘱摩诃迦叶。"

师徒以心相契，衣钵相传。自此，大迦叶尊者被中国禅宗尊为禅宗初祖，这次灵山法会，也成为了中国禅宗的开端。而这种无形无相，只靠当下一悟的证道方式也由此流传开来。

这样一则经典公案，自有不同的人领悟到不同的东西。所谓以心传心，佛祖所传的是一种至为祥和宁静、安闲美妙的心境，却以一笑相传，当真意蕴百生。

微笑是人与人最温暖的举动，发自内心的微笑最感动人心。北京奥运曾提出"微笑是北京最好的名片"的口号，给世界来宾留下深刻印象并大获盛赞。对信念的坚持，对美好的热爱，对生命的尊崇，许多精神层面的表达都可蕴于一笑之中，至少这是一种对生命态度的积极表达。

南怀瑾先生曾经讲到过，发自微笑本来就是践行佛道的一个很好的法门，在佛教当中有一个深入人心的人物便是以此闻名，那便是未来佛"弥勒菩萨"，咧嘴呵笑的大肚弥勒形象完美地诠释了佛家弟子对待生活的态度，也教会我们如何面对生活的处世之观。

迦叶尊者是一个善于用行为来教化的圣者，在出家前的生活中，他用实际行动诠释了一个在家修道者的清净心，与之有同样追求的夫人妙贤见其行动，虽没有多少动人的有声语言，但无声的肢体行为，以身作则，却更能字字入心。终于两人共同证果得道。迦叶尊者以其“以身说法”的修行特点以及殊胜成就，被誉为佛陀十大弟子中“苦行第一”，也被称为“头陀第一”。

用行动说话，就是迦叶尊者的特点，于是在僧众当中由迦叶来点破世尊意图便最为恰当。佛说八万四千法门，对质八万四千烦恼，同时人们由于因缘不同，入道的法门也对应八万四千。世尊早有前知，知道迦叶尊者以此悟道，于是恰当此机缘，迦叶打开本来面目，证得圣果。

以身说法，用行动说话，迦叶尊者的故事传递出一种智慧的处世之道。说得再好不如低头去做，管你如何舌灿如花，也不如扎实地迈出一小步。告诫人们，切勿空谈，行动最重要。

摩诃迦叶以身证道，以笑传道，正是告诉人们，少说多做，乐观处世。少说并非不说，不是要追求鲜言寡语，而是像《论语》当中提到的，要言行合一。以信为本，乐观处世，就是无论在什么境遇之下，都要思维这个境界不是永恒的，只是生灭轮转，没有必要执著。笑着面对生活，心是晴朗的，生活才能是晴朗的。

可是我们如今所见却并非如此，物质社会，人心浮动，抱怨太多了，平和太少了；无奈太多了，积极太少了；说得太多了，做得太少了。长此以往，便导致了整个社会信任缺失，人情冷漠，态度消极。我们为什么不能学学迦叶尊者，做一个行为落到实处，内心恬淡的人呢？并不是只有出家人才可修行，也不是只有出家才修行得好，出家当然也不是修行的目的，我们只是需要学习出家人通达的处世态度，如同摩诃迦叶和大肚弥勒一般，种种奋斗努力无言践行，内心充实满足，心存大爱，又有什么过不去的坎呢。

海伦·凯勒说："人人都应该花点时间享受一些特别的乐趣。哪怕每天只花五分钟也好，去觅一朵美丽的花儿、云儿、星儿；或学习一首诗；或为别人枯燥的工作带来快乐。"

微笑的含蕴是一种领会，对大的、宇宙空间的、生命轮转的领会，因为领会了最高最大最宽广，从而用心在最小最细腻的小事上，这是一种大圆融大智慧。

火虐风饕水渍根，霜皴雪皱古苔痕；
东风未肯随寒暑，又蘖清香与返魂。

——唐代僧人的咏梅诗

无言的启示

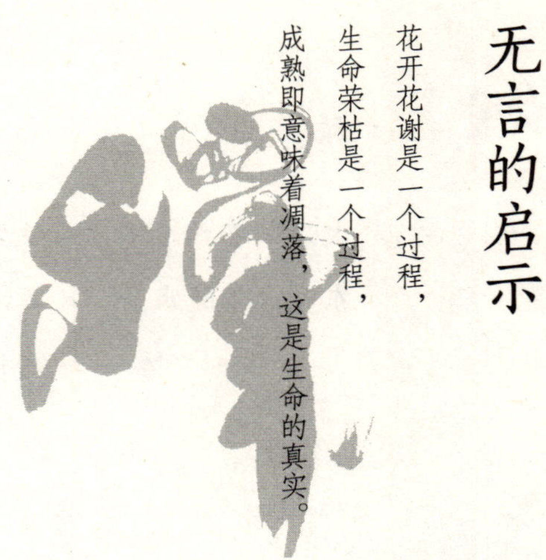

花开花谢是一个过程，生命荣枯是一个过程，成熟即意味着凋落，这是生命的真实。

世尊拈花，迦叶微笑，那么世尊拈花到底代表着什么意思呢，有情众生说法我们能够信奉受持，无情草木能说法吗，迦叶又明白了什么道理呢？

其实花草树木无外乎都是我们自己的本性，是我们的灵光。说的明白一点就是我们的佛性关照到它们，它们对我们来说才是有意义的，才是鲜活的，才是真实的。佛性的灵光所照之处，一切有情无情，山河大地，日月星辰，男女老少，飞禽走兽，其实都是佛性的影子，皆为佛性的显现。你是佛，那么你灵光所照到一切都是佛啊！如一个国家，我是国王，国土里所有的东西，无一不是我的；同样道理，你是佛，你的佛性光明朗照十方，遍虚空，满法界，无不为佛性灵光所照，所以，所有一切都是佛，无一个不是佛。但是，如果我们功夫做得不好，想歪了想实了，不知道灵活妙用，认理不放，将念头压死了，就变成土木金石了，过犹不及。所以，一切东西都是我们自己，都是我们的佛性，我们所看见的一切色相就是佛。因此之故，花草、树木、眼前一切等都是佛，无一不是佛。

故云：郁郁黄花无非般若，青青翠竹尽是法身。花也好，竹也好，都是佛性之变现，都是佛啊！这个道理听起来似乎很玄，有点离谱，其实当你有了切身体悟之后就会明白此中真味。

从前南阳慧忠禅师与某僧的一段公案恰能点透这无言的启示。

僧问国师："古佛心是什么？"

国师答："墙壁、瓦砾都是。"

僧问："墙壁瓦砾是没有知觉的，而佛是觉者，无所不知，无所不能的。墙壁怎么会是古佛心呢？照你这么说墙壁瓦砾岂不是变成有情众生了？"

国师答："是的，没错。"

国师这话含有深意。佛陀在悟道后遍观众生根性，说道："一切众生皆具如来智慧德相，只因妄想、分别、执著而迷了本性，未能证得无上正等正觉。"因为有了分别观念，才有了有情无情之别。如若不分别，一切声色、山河、男女都在心性中圆，而无一法可得，又有什么有情无情呢？因为有法可得，再去分门别类，爱憎取舍，从而烦恼丛生，轮转不息。

庄子在《齐物论》中说："天地与我并生，而万物与我为一。"消弭物我差别，物无非彼，物无非是，禅意盎然。虽然佛道两家修派不同，但所表达的道理却多相融相通之处，可谓殊途同归，亦可见天下大道，通则一也。

僧人又问："那无情也会像佛一样能开坛讲法吗，这又怎么解释呢？"

国师答："无情时时时刻刻都在说法，说法声音很大，如猛烈燃烧的大火，没有停歇。"

这回答其实很有韵味，我们往往都执著于所见所闻上，觉得亲眼见到亲耳听到才是真实的，没什么能比自己亲身经验到的更真。难道只有听到响声了，才是听到；没有听到声音，就是没有听到？殊不知还有无声胜有声的境界吗。人们总是执著于所谓的真实，却不明白无说才是真说，最大的声音是没有声音的。

关于真实我想多说几句，曾有个不错的电影对我启发颇多，叫《纳尼亚传奇》，影片中的兄妹几个从衣柜里走到了一个童话般的雪世界，发生了种种不可思议的事，但开始时年龄稍大的孩子是不相信弟弟所说的关于雪世界的经历的，因为这不科学啊。那座古堡里的一位很老很老的爷爷叹道，现在学校里到底教了你们些什么啊。教了什么呢，科学啊。科学有它的权威性我们必须承认，可是科学绝不能涵盖一切，有太多有意义的东西被人为的屏蔽掉了，我们都被狭隘的框住了。你是不是也觉得那美丽的雪世界只不过是个童话呢，那什么是真实的呢？是冰冷的科学实验，还是看似坚固的钢筋水泥，是眼前海市蜃楼般的繁华，还是你夜半无人的一声叹息？轻抚心口，感受它的跳动，问问自己，什么是真实。

无情无声却法声宏大，引出我们一番关于真实和有声无声的思考，可见国师的回答充满韵味，自有妙处。闻性不在于有声与无声，耳能听到的声音难逃生灭，而人的本性常住常新，有声无声自能明辨。

《论语》当中有记载孔子曾对江感叹“逝者如斯夫，不舍昼夜”，这也是在聆听无情说法而若有所悟。看来儒家道理也不离禅意，故如前文所说，世间大道自存，不论其形式种类如何变化，核心的东西总是相容共通，我们姑且粗略的理解为这是普世的真善美吧。

那僧继续问道：“那我为什么听不到呢？”

国师答："这是你自己听不见，但你不能妨碍那能听见的啊。"

僧问："那什么人能听得见？"

国师答："各位圣者可以听得见。"

僧问："那您能不能听得见呢？"

国师答："我听不见。"

僧问："您都听不见，怎么知道无情可以说法呢？"

国师答："幸好我听不到，我要是能听到，我就和诸位圣者一样了，你哪还能听到我说法呢？"

凡有言说，皆无实义。本来无法可说，本来也无人闻法。若还有法可说、有人闻法，那正是执著在人相、我相上了。国师故意这样说来点拨僧人，本无一法一声一字可得，才是圣者境界，无分别，同于无情说法，只是本性的显现。

老子也深谙此道，不得已留下了《道德经》五千言，只是不知道又有多少人执著在了那五千文字上面不可自拔。

僧紧追问道："若是这样，众生就不能听到无情说法了，成道就无望了？"

国师答："我来为众生说，不为诸圣说。"

僧问："众生听你讲过以后，会怎么样啊？"

国师答："听了以后就不是众生了。"

《金刚经》云："如来说：'一切众生，即非众生。'"众生？哪里有众生？一切众生如梦幻泡影，都不是真实的。众生若能听到无情说法，收获这不生不灭的闻性，那就超凡入圣了，所以说"即非众生"。众生之所以为众生，就是因为不醒悟；假如当下一悟，即非众生了。如同梦醒时分的平静，万籁俱寂。

公案到此暂告一段落，只盼看官能若有所思，在文字上朦胧懂得一点世尊拈花说法的喻意。

其实拈花微笑的花，只是一个方便法，世尊拿什么东西都可以说法，虽然无声，但这确实是世尊在说法，也是花在说法，法音遍及我们四周，是我们自己听不到而已。世尊拿花，花开花落，有盛有谢，这不就是生灭法么，花本身就是在讲事件的无常，世间的快乐与美好都只是暂时的，跳出生死看生死，才是无生无死，才是大自在，大快乐。

花的枯谢可以让我们生起对生命无常、人生短促的觉醒，花的盛放也会让我们体会生命的美好与人生的庄严。花开花谢是一个过程，生命荣枯是一个过程，成熟即意味着凋落，这是生命的真实。其实，诞生与死亡本是一如，有位诗人说："如果你爱生命，你应该不怕去体尝。"是的，到了这一天，你不用遗憾。你若深入了解一朵花的时候，你就会发现它完全是由阳光雨水、土壤肥料、空气时间这些非花的因素构成；当你继续深入，时间久了，你就会悲伤的发现这朵花正在逐渐枯萎凋零化作肥料；可是同时你是否了解了肥料，当你为花儿的凋落悲伤的时候，肥料正积蓄养分慢慢生长而成为下一朵花儿。如此，你是否为自己的伤春悲秋感到不值，是否为目光短浅而有所醒悟，是否觉得面对生活需要更多体悟和更多洒脱？而当你想到这些的时候，是否有些超脱的意味？

千年苔树不成春，谁信幽香似玉魂？
霁雪满林无月丽，点灯吹角做黄昏。
——虚堂智愚禅师的古梅诗

觉悟的喜悦

大道至简，天下难事必作于易，天下大事必作于细。从简单的事开始，只要动手就离成功近了一步，理想再大不如低头去做。

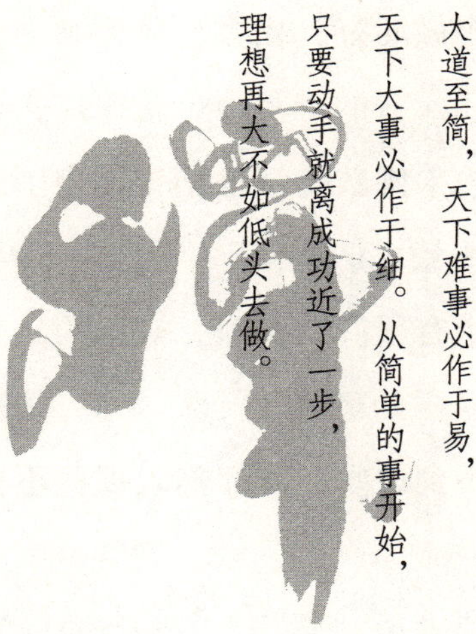

说起“觉悟”这个词，对佛教有些了解的人，往往首先会想到释迦牟尼佛睹明星而悟道这段故事，那种禅定七日而终冲破执著，与道合真的状态，被称为“觉悟”。

孩子们听到这个词，大概会想到日本动漫，里面有句很著名的台词，当两个人战斗完毕，一方失利，另一方会对着他说：“觉悟吧!”动漫中的这话，也有劝人放弃执著的意味。

我们不可否认，日本在继承传统文化方面有时候的确比中国做的好，比如经典动画片《七龙珠》，其中对中国文化元素的继承，可谓深广：诸如佛教修证的五种神通，大乘佛教的济世精神，中国道家内家拳文化，儒家的“刚毅木讷近仁”，物理学上空间与时间的辩证等，都在当中有很好的反映，被推为经典之作确有道理。可惜现在这样的经典也已不多了，孩子们大多不看这些，也体悟不到这些，大都陷入那些不伦不类的儿童作品当中去了。

继续来说“觉悟”，这个词分为两层意思，两个字要分开来说，才能表明一种禅宗修行次第的过程，那就是所谓“悟后起修”。

觉，顾名思义，就是醒的意思。我们应该都有过这样一种体验，就是在做噩梦后惊醒的那一刻，双眼睁开的那一瞬间，顿感周围一片寂静，前尘如梦，恍如隔世，有些熟悉又很陌生。这一刹那的感觉，就是所谓“觉”，只不过常人的“觉”少了一种持续性，那感觉过去便过去了，不能如理思维，把它拓展到现实人生的“觉”上。其实现实的人生，我们回想起来，也是如梦如幻，前尘往事不过是脑中的残存记忆，只是由于我们的心量太小，不能真切地持续地感受这些。

如果你想着意体会，有一个方法可以让人产生这种“觉”的感触，当你下次乘坐飞机旅行的时候，不要一味贪睡，找一个靠窗的座位，飞机飞到上空，透过窗户看你所在的城市，那么小，汽车高楼如同玩具一般，你每天穿梭其中的城市街道，像个仿真沙盘摆在面前，而你，跳出了那个小小的水泥盒子，如同上帝一般俯视着自己的生活甚至是别人的生活，这样一个近乎神圣的视角会带给你怎样的震动和感触？这便是你心中似有所"觉"。洪应明在《菜根谭》开篇便说，"达人观物外之物，思身后之身"，现代科技给了人们物外观物的可能，单看世人如何体悟了。

当你心中升起这种持续的"觉"的感受，心中就会平静下来，忘记挣扎和烦恼。这便成了一种方法，一种修行。生活中遇到任何事情，烦恼将起，就这样思维，烦恼自然会熄灭，久而久之，烦恼便不会再主宰你的内心。生活的磨炼对修行来说是非常重要的，许多高僧大德也都经历了这样的过程，比如禅宗二祖慧可大师，晚年常出入于烟花柳巷，世人多侧目，但只有他心里明白，他这是在炼心，在破掉最后的执著。独醒于浑浊之世，冷眼看世间苍凉。

我猜想看到这些文字的人大多是在家人，而非出家人，在家人本身就生活在现实的社会当中，每天面对的烦恼很多，所以在这当中所得的成就，也要比出家人大得多，生出的道心也要坚定得多，佛教当中称在家居士的成就为“火中莲花”，其中意味便可得知。

“觉”的感受持续下去，最终有一天，你的心根尘脱落，噼啪一声，豁然光亮，打开本来面目，这就是“悟”。大概许多有些阅历的朋友会有这样的感受，在经历了生活的种种波折辗转之后，沉静自视，回想种种荣辱兴衰，皆如前尘旧梦，往事如烟尘消散，空余一身孤寂。心里的担子卸了，重量放下了，忽然就笑了，明白了，也敞亮了，从此心里自在了，轻松了，明白原来以前的自己是那么幼稚，那么执著，执著的可笑。这时你会会心一笑，然后再一次投入到真实的生活当中，虽然周围的一切都没有变，但是你的心已经不同，虽然依旧是真实的自己、真实的感受和真实的生活，但你已彻悟，不会再以其纷扰而纷扰，以其忧愁而忧愁，真我风采便是当下。

有一段著名的禅宗法语相信大家都听过，形容禅宗修行境界的：见山是山，见水是水；见山非山，见水非水；见山还是山，见水还是水。是不是现在读来别有一番滋味？

开始还是凡夫状态，山就是山，水就是水，没什么可说的，烦恼还在，执著还在，带着习气的生活。后来，“觉”了，看哪都不对，要防着自己的念头跑偏，时时刻刻警觉，这时候山不是山，水不是水，时刻提醒自己，万物皆空，不能执著。终于，“悟”了，这时山还是山，水还是水，只有心境不同了，不再烦恼，不再执著了，山水是山水，我是我，心无挂碍，山水愿意真就是真，愿意假就是假，青山自青山，岂受白云碍。

“觉悟”后，便是喜悦了，便是本节的题旨，大概也是生命的题旨。喜悦，就是迦叶尊者的微笑，仅此而已，这就是道。“众里寻他千百度，蓦然回首，那人却在灯火阑珊处”，平静安然，当下一片温暖。

当然，觉悟后的改变不仅是内心的解脱，更是整个身体气质的改变，四肢百骸气脉皆通。这也映衬《易经》当中“兑卦”的卦象，内刚外柔，主由内而外的喜悦。身内阳气鼎斥，由内而外，法喜充满，整个气质转变，迦叶尊者的微笑意义就在于此。

“觉悟”并不只局限在佛教环境里解释，在我们日常的生活当中也有很多种层面的“觉悟”，这里我最想说的就是儒家的一句至理名言，“子欲养而亲不待”，这句话说出本来也是一种觉悟，只是觉悟得晚了，当我们习以为常的父母之爱乍然失去之后，当我们不得不直面风雨的时候，我们发出了这样的感叹。老庄当中有这样的说法，道这个东西很容易了解，很容易践行，但是却没有人能了解，没有人能践行。殊不知大道至简，天下难事必作于易，天下大事必作于细。从小事、简单的事开始，只要动手就离成功进了一步，理想再大不如低头去做。有了这样的觉悟，你就会发现，道就是身边的一切，你的生活，你所拥有的，就是最值得珍惜的，这其中包括对你好的人，也包括阻碍你的人。享受生活，心无挂碍，懂得这个之后，就要积极面对生活，用心感悟周围的一切，用心沟通周围的一切，这样，快乐就不会离开你，觉悟在生活中，觉悟在喜悦里。

常忆西湖处士家，疏枝冷蕊自横斜；
精明一片当时事，只欠清香不欠花。

——虚舟普度的墨梅诗

绽放的禅境

真正的涅槃境界，就是在生活当中，面对花花世界，此心不乱；生活不散乱，此心也不散乱，作为在时间中生活的人，依然是有血有肉的有情众生。

这几年有一款风靡的游戏，相信有不少人都玩过，就是“植物大战僵尸”，里面有个模式叫“禅境花园”，玩这个模式的时候，需要付你出十二分的耐心来浇灌花朵，它们迎风摇摆，对你微笑，当喝足了水，吃足了肥料，还会散发出新鲜的光亮。每当进入这个模式的时候，总有种隐居乡野的怡然自得，即使身边依然喧闹。那朵朵盛放的花儿，悠悠然然的状态，不禁让我想起了佛陀手中那朵绽放的金婆罗花，就这个话题我想浅谈一下佛教的禅境，同时也化解人们对佛教的一些误解。

在生活当中，我发现这么一种现象，那就是无论走到什么地方，在老百姓中间，只要提到佛教，大多数人会半开玩笑式的双手合十，口念一声“阿（wo）弥陀佛”。好不容易能念一句佛号，还念错了，当然，这些错误很多当归咎于当今的影视剧对佛教老僧的塑造而产生的误导。这个字其实应该念作（a），念这个字的时候应当感觉到胸口的震动，那才是对的。这个音其实和佛教修行与养生都有着密切的关系，这也符合道家的养生理论，举音中丹田，常念佛号，即使到不了解脱境界，至少也对身体健康有益。佛教当中有个根本咒，也就是三个音，嗡（weng）阿（a）吽（hong），读这三个音的时候，依次对应眉心震动、胸口震动、丹田震动，就对了，常常持诵也可以达到养生延年之效。

也许有人会疑惑，读三个音就能养生吗，有这么神吗？其实道理很简单，人的身体是一个场，声音也是一种场，二者良性意义上的共振，就可以带来身心的愉悦。相信喜欢音乐的朋友都有这样的体会，尤其是在听古典音乐的时候，全心投入，与音乐合一，那种身心放松的愉悦快乐，也是这个道理。当一个音乐与你的身心产生共振的时候，你就会觉得每个音符都在触摸你的心，都在抚平你的寂寞伤痛，当你感受到这些，你就会不由自主的感动，流泪，激发强烈的共鸣。这时候你所体会到的，也许就是音乐作者写这首曲子时候的心理状态，你们通过音乐而交流，此心与彼心心心相印。这个过程非常像藏传佛教修法当中的与上师相应，还有净土宗的与阿弥陀佛佛心相应，同源同理。《金刚经》中言道，所谓一切法，皆是佛法；又有点像《庄子》当中所讲“物化”，我理解也是这个道理，万物相互转化，无不联系，这就是一种“场”的联系。

由于不少影视作品的误导，人们不仅对佛教持咒念佛的修行方法抱有误解，而且对于佛教所达到的境界也多有误解。可能大部分人会觉得出家就是抛家舍业，整日死气沉沉，甚至推而广之，一切学佛的人都是这个样子，毫无生气，弄得有些人都讳言自己对佛教感兴趣这一事实，甚至认为自己学佛都低人一等，自利利他，反遭众人耻笑，这是何等的笑话。

其实这是因为大家只是看到了佛教很表面的一些东西，没有深入理解佛家思想，大乘佛教自觉觉他，度化众生，岂是如此肤浅狭隘。我想归根结底还是人们对佛教最终所要达到的那种涅槃状态的误解，认为涅槃就是心如死灰，形如槁木，把“禅境”看成是一种“死境”。我感觉这一弊端与中国文化对佛教的影响不无关系，从佛教艺术作品的风格就可窥见一斑，禅宗的艺术作品中所表现的老僧，打坐时无不低头垂眉，看似委靡不振，昏沉不堪。而藏传佛教当中的佛像艺术作品，怒目圆睁，虎腰熊背，个个生机盎然，甚至狰狞可怖，给人以敬畏和震慑。先放下藏传佛教不谈，“禅境”之美可绝不是那死灰境地。

佛教在人们印象里的最显著特征，大概就是其“出世”性，这一点在人们心中也是根深蒂固的，这也难怪，佛教僧人的出家相实在太特别了，在家居士与众人相同，反而受到大家的忽略。其实，佛教讲究轮回，要是佛教只有出世性，岂不是不完整了？因此，出世与入世的结合才是一个完整的佛教。最后还是要归到入世上的，如果佛教不具有入世性，那么也就不会存在两千多年而不衰了。

释迦牟尼佛在灵山拈花时，手中拿的是金光灿灿、生机勃勃的金婆罗花，为什么不拿一朵蔫花呢，其实就是说明了这个道理，禅的境界应该是绽放的，不是死气沉沉的，学佛是为了有利众生的。为什么佛教与分别、妄想、执著为敌呢，为什么佛教讲无我，当破掉了这些，就只剩下利他了，念念为众生，以各种身份来度化众生。其实大家不要用固定思维来看佛教思想，并没有一个佛教可以执著，它只是一种思想，一种真理，这个思想是具有普遍性的，由分别故，安立了佛教这么一个名称。经典武侠小说《天龙八部》里的丐帮帮主乔峰，无畏前行，无我利他，最后用自己的牺牲换来两国的和平，有佛祖饲虎喂鹰之范，这就是大乘菩萨精神的体现。

民国时期有位著名的大德——太虚大师，也正是看到了人们对于佛教的误解与误用，而提倡“人间佛教”这一理念，人们对太虚大师的评价是“佛教改革家”，其实太虚大师只是因为看到了乱世苦难，以大悲心，以甚深智慧，安立了“人间佛教”这么一个名称，突出了佛教当中本来已有的“入世性”，突出了大乘佛教的精神。

佛教的修行从根本来讲，并不是去求个涅槃所得，有生就有灭，当你有个所求，就会有所灭，终究不可得。真正的涅槃境界，就是在生活当中，大道至简，面对花花世界，此心不乱，念念想着众生疾苦，所做的每件事便能从心所欲而不逾矩，学佛并不是要把心学死，而是要学会用心，不是要泯灭喜怒哀乐，而是要有目的的运用喜怒哀乐，学佛者之心与凡夫之心的不同在于，前者知道自己的使命是什么，知道自己为什么而活，生活不散乱，此心也不散乱，作为在时间中生活的人，依然是有血有肉的有情众生。

放下自己，多为别人着想，就这么简单，能做到这样，你就可称作是合格的大乘行者，让我们共同建立一个平静幸福的人间净土。

云峰一变隔炎凉，犹喜重来饭积香。
宿鸟水干迎晓闹，乱帆天际受风忙。
青鞋踏雨寻幽径，朱火笼纱语上方。
珍重故人敦妙契，自怜身世两微茫。

——秦观《次韵子瞻赠金山宝觉大师》

放心

达摩为何十年面壁

道不在富贵

道不在富贵，道又可以使你无比富贵，气定神凝，安宁的面对这个世界，法喜充满。

《景德传灯录》当中，描写释迦牟尼佛在探索真谛的过程中，曾经两次向外道师学习禅定，所谓“无想定”与“非想非非想定”，最终“知非即舍”，通过自己的观察与思维，佛陀明白这两种禅定并不能达到究竟的解脱，也同样不能让众生达到生死的彼岸，于是就舍掉现行，去修苦行，在山中神泄形销，险些丢掉性命，后也明白苦修亦非正道，也“知非即舍”，佛陀明白到对身体的过分折磨，并不能带来究竟的解脱，反而会妨碍智慧之光的闪耀。最终，佛陀在菩提树下进入深深禅定，粉碎魔魇，睹明星而悟道。大地震动，天人赞叹。

为什么佛陀两次拜访外道师和那些苦行的修行人，都不成功，且他们自己不明白自己所修证的东西并非真道，而以他们自己所证到的东西为究极呢？这恐怕就差在了智慧上，佛陀被誉“福慧两足尊”，本身的福德积累与智慧的积累都必须要圆满，才能探究到究竟的真谛，才能不被外道所迷惑，这样的圆满性光才能照亮前方黑暗的道路，才能懂得反思和进步。

所谓道不在富贵，却又在富贵，就是这个意思，前者强调的是外道的富贵，后者强调的则是一个践行佛道的修行者，他自身所具备的内心的富贵，这就是这部分我想说的一个重点。

其实佛陀最重要的“知非即舍”的决定，是他从王宫当中走出来，从众多的诱惑中升起出离心的那一刻。要知道，王宫里面的奢华生活是平民无法想象的，华丽的宫殿，无边的财富，美貌的女人以及无上的权力，正可谓呼风唤雨。书中记载佛陀降生以后，外道仙人为他算命，说他十九岁为人生分界，要么成为人王，也就是转轮圣王，要么成为法王，成为世间众生解脱的导师。其父净饭王听后整日忧心忡忡，为了让儿子不生出厌世之心，想尽一切办法，为儿子建造四季的行宫，使他感受不到季节所带来的不适，为儿子娶了一个非常美丽的妻子，两个人还育有一个聪慧的儿子，也就是日后成为佛陀十大弟子之一的罗睺罗尊者，密宗的祖师。即便如此也未能改变佛陀的决定，最终，道心坚定的佛陀最终还是在十九岁生日之夜毅然出家，舍弃了在我们看来梦寐以求的一切。

这才是真正的大出离心、大慈悲心。凡夫俗子也有出离心，但大多都是暂时的、瞬间的，遇到不顺心的事情，一时心情不好，想到世事无常，何必执著，也许这一刻的所感所受确是真的。可是一转眼，坏事一过喜事一来，什么无常、什么执著马上忘得干干净净，又回到混沌的世事中不可自拔的执迷。习气难除，可悲可叹，《庄子》中讲“其嗜欲深者，其天机浅”，此言不虚啊，想生起佛陀那样的出离心与慈悲心，我辈还需长久的努力，甚至是累生累世的努力。

想起了“皈依”这个词，这个词的用途是非常广泛的，并不限于佛教，其他宗教也一样，或者对类似现象的泛化都可以称其为皈依，比如对精神的皈依，对信仰的皈依，对财富的皈依。说到这里，不免慨叹当今社会，信仰真空，金钱至上，若是都简单地皈依金钱，成为拜金主义，倒也就罢了，似乎每个社会的发展都会经历一个这样的阶段，这毕竟还有一个底线，一个规则在，哪怕是金钱的规则，可怕的是信仰真空，现代社会正处在一个信仰迷茫的状态，人们不知道自己该信什么，这绝不是所谓人性的恶劣，而是这个社会的悲哀。信任缺失，人们本能地保护着自己，冷漠地注视着这个世界，无所适从，所谓的信仰也并不能带来什么现实的温暖。这便是佛教面临的一个困境，如何把精美的理论着实落到现实生活中。以我自己一个对佛教感兴趣，甚至可算得上信仰佛教的人，都会在很多事情上产生迷惑，站不住脚跟，怀疑自己，这是个关键问题。

所谓道不在富贵，这话对不对？完全正确，理论上是一个完美的命题，现实呢，如果有人摆一百万在你面前，让你改变信仰，你会怎么样，至少我会动心，自己写到纸上的文字，自己看了都会动心，一个钱的概念符号都如此，更何况是真实的一百万放在眼前呢，这诱惑力是极大的。当年毛主席领导革命，对革命群众的要求有两条，既要晓以革命大义，关键是第二点，又要适当的给予经济上的补助，毕竟现实是坚硬的，凡夫境界的我们，谁也跨越不过去的。

要解决这个问题，真正让我们能看懂“道不在富贵”，真正能用内心的眼睛看懂这五个字，能深契吾心，我觉得要重视起两个问题，一是缘，一是切实的修证，也就是禅定，当然禅定的意义是很广泛的，绝不是单单盘腿而坐那么简单。

为什么第一个是缘，这个没什么太多的解释，冥冥之中的那么一种东西，佛教有一句俗话，叫“药医不死病，佛度有缘人”，如果一个人得了一个要死的病，已经确定要死，你说给他用药，怎么用，用什么，都是没用的。对于佛教正道真谛的信仰也是一样，佛门虽广，不度那无缘之人，有的人宿世慧根浅薄，看到佛教不仅嗤之以迷信，甚至会毁谤佛教，这些人当然不会去修持正道，怎么办，办法就是随缘，一步步来引导，你强行让他信，反而会激起他的嗔心，毁谤正法。倒不如深入他的生活当中，从他生活的方方面面，从他的兴趣处着手来劝其向善，哪怕此生此世都在做向善的事，修个人天之果，也是好事一桩，又何必强求。据我所知，有不少佛教居士大德，利用自己世间人的身份，以各种想不到的方式来度化了很多人，比如与人赌博，从而度化赌徒，接触黑社会，最终度化参与其中的人，这正是从他们的生活处着手，也充分显示了一个大修行人的智慧，一种与道合真的状态。

写到这里，想起《道德经》当中的一句话，“天之道，损有余而补不足。人之道则不然，损不足以奉有余。孰能有余以奉天下，唯有道者”，正是如此，我们的状态不正是这样么，消耗自身的福德，去追求暂时的欲望，用向往正道的财富来追求恶业，这就是所谓的颠倒梦想。对于有道者，也就是与道合真的人来说，不断的为众生积累福德资粮，他本身是无我的，如同《道德经》中说的“橐籥”，“虚而不屈，动而愈出”，这就是有道者的状态，“橐籥”就是风箱，其中是空的，但是会鼓出无穷的风力，这就是无我的状态，损有余以补不足。这就是为什么佛陀在悟道的时候，大地震动，光照十方世界，用什么照的，就是用法身，也就是道，自然而然，补众生之不足，破灭黑暗。这就是你内心当中最大的财富，其实人人守着个宝藏，但大多数人却不知挖掘。

下面说说第二个因素，就是禅定，用我们容易理解的语言来说，最接近的一个词就是“注意力”，这是决定人生成就的一个重要因素。我们普通成年人的注意力在两个小时左右，那些学者、科学家的注意力会长达几天，甚至几周。也就是一种什么状态呢，就是心无旁骛的做一件事，在这一段时间内，思想是相对纯净的，非常集中的时候会忘记周围的时间与空间，这就是类似于禅定的状态，当然禅定的层次与种类是非常之多的，对于我这样一个没有修行的人来说，根本是无法说清的，只是阐述一下我个人的看法。前面说过，信仰的最大障碍就是在现实当中站不住脚，无法切实的把信仰坚持下去，那么就要锻炼这个，对于我们凡夫来讲，从“注意力”练起就好，不要一上来就好高骛远，追求什么甚深禅定。就从注意力练起，练习做事情的专注程度，这个方法很多，这里我推荐一个相对安全、不容易出偏的方法，就是南怀瑾先生在南禅七日当中所介绍过的“安那般那法门”，也就是数息的方法，这就是练习专注度得一个好方法，大家有兴趣可以去找南老那个视频，上面有详细的讲解。既能养生，又能养神，是入门者练定力的一个好办法。

练好做事情的专注度之后，你的定力就会越来越强，不会总受俗务的影响，能做好自己的事，更好的成就自己在这个世间的事业，不枉得一次人身，同时保持这一念，我要寻求正道，慢慢来，对于福报浅薄的凡夫众生来说，这就足够了。

道不在富贵，道又可以使你无比富贵，当你气定神凝，安宁地面对这个世界，内心法喜充满，与你接触的人都能感受到幸福的时候，即使你在现实当中一无所有，也会比那些身价无数，却忧心忡忡地活在世间的人，要富有的多。这绝不是煽情的话，当你切实的找回了你自己，向着道的方向走，你就会发现，这绝非虚言。我也要加倍努力，希望我们大家都能做最富有的人。

手把青秧插满田，低头便见水中天。

心地清净方为道，退后原来是向前。

——布袋和尚

义不可言说

一切都是瞬息，一切都将会过去，

而那过去了的，就会成为美好的回忆！

汉地禅宗初祖菩提达摩还在印度时，他的师父便和他说，佛法在印度缘已将尽，应该将正法传到中国，那里有大乘气象。于是，梁武帝普通元年，年逾七十的达摩祖师，经历三年航程，万里迢迢，来到中国弘扬佛法，普度众生。当达摩来到当时的著名寺院龙法寺时，他全身仅一双赤脚，髯须蓬发，素衣布袋而已，此外身无一物。请达摩讲经时，他在讲台席上闭目静坐，不作一词，寺内高僧均不解其意。

达摩的到来，以及讲经的方式，便奠定了中国汉地禅宗的一种特色。或者也不能说是特色，因为这一方法从老祖宗释迦牟尼佛与迦叶尊者那里来，当时的情形和达摩这次的讲经颇为类似，只不过那次佛陀手中拿着一朵花，大众也均是不解其意。这次达摩祖师干脆什么都不说，这就是所谓的义不可言说，一说便落于桎梏，这在后面还会说到，这里先简要的漫谈一下禅宗在说法时的特色。

禅宗在说法的时候讲究的是“传心印”，也就是所谓“传灯”，因此记载禅宗传承的著作其名字里面一般都带个“灯”字，比如《景德传灯录》，从这个特点就可以看出，禅宗这种不言而喻的特性，得意忘言的这种感觉，传心印，以心传心，哪还需要什么语言上的解释，所谓“言下忘言一时了，梦中说梦两重虚”，就是这个道理。再说说“传灯”这个词，古时候的灯不像现在，电气化，很亮，一照一大片，但是不知道大家发现没有，现在的电灯虽然照到的面积很大，但是却照不远，光比较散，而古时候则不同，那时候的灯是有灯芯在的，大体上都是类似于蜡烛那种灯，光虽然很小，但是有“心”，离得很远就能看得到，从这个特性上就可以看出禅宗的特色，非常的形象自然，默默的，周围依然是黑暗，我的心是亮的，并且能照的很远很远，就这一点光，来引导众生朝着这里走，如同指路的灯塔，但不像电灯，一下照亮一大片，这也表示着，想点燃自己心中的那盏灯，一是需要善知识，也就是已经点亮的人，朝着他的方向走，二就是需要自己自身的切实的努力，修持。当每个人的心灯都亮起来的时候，这个世界也就成了一片净土，整体形成的光束也会照得很远很远。

那么在外在的表现形式上，禅宗祖师们的教育方法就多种多样了，主要本着一个宗旨，就是应机教育，机缘到了，抓住一个机会，让自己的弟子开悟，有当头棒喝的，有大声呵斥的，也有笑脸相迎的。下面举一个例子，是一则禅宗公案，叫做“俱胝一指禅”，是个非常有名的禅宗公案。

话说有位俱胝禅师，出家以后，尚苦行，结茅庵而居。有一天下午，来了一位尼姑，说：“我想借宿一晚，可不可以啊?”他说：“非常欢迎!”尼姑说：“你欢迎我，我还不一定敢住呢！我有个问题，你若答对了，我就打扰你，住下来，你若答不对，那我只好走啦!”俱胝禅师说：“你只管问。”尼姑就问：“什么是佛?”

俱胝和尚居然瞠目结舌答不出来。越简单的越困难，说到佛，谁不知道?问“什么是佛?”要下个界说，就不简单了。既然答不上来，这位尼姑就要走，他留都留不住。事后俱胝和尚心想：“我是男子汉大丈夫，出家即是佛子，怎么连这么简单的问题都没法答复呢?”感觉很惭愧，决心下山到处去参访，因为大事未明嘛！他准备离开，半夜里禅定中，山神跟他讲："你不要走了，几天以后，有位天龙禅师路过此地，他会帮你了毕大事。"

过了几天，果然天龙禅师路过，在他那茅庵里歇脚、喝茶，他就把这个故事一五一十地告诉了天龙禅师。天龙禅师说："你问我。"他就问："什么是佛?"天龙禅师只竖起一个指头，没有讲话，而俱胝和尚就当下大彻大悟了。以后凡是有人来问法，无须开口，不管问"什么是佛?""什么是法?""什么是僧?"他都用这个"竖起一指"回答。大家都认为这"一指禅"像嚼橄榄，含藏无尽，余味无穷！

他有个小徒弟，只有十几岁，说懂事又不懂事，说不懂事，却有点儿调皮。看见师父见人问问题，就竖起一个指头，他想："这事情很简单，我也会。"

以后凡有人来，他就说："不要麻烦师父了，有什么问题，问我。"

人家问："什么是佛?"小和尚就依样画葫芦地竖起一指。

这一招也很灵。以后这件事传到他师父耳朵里去了，"师父啊！你那个小徒弟，虽然只有十几岁，却也懂佛法啊！"

“怎么回事啊?”

“有人问他什么是佛？他也跟你一样伸个手指头!”

俱胝和尚听了这话，心里有数了。有一天把小孩叫来:“听说你也会佛法，对不对啊?”

“对!”俱胝和尚袖子里藏了一把很锋利的刀，笑着问道:“那你说说看，什么是佛?”

小和尚手指刚一竖起，老师父一下把他那手指头给砍掉了。

依常识看，这不但残忍，还构成了伤害罪。但就佛法而言，这是无比高明的善巧方便。

这个小和尚手指头被砍掉了，疼得又哭又闹地就向外跑，禅师大喊:“你给我回来!”小和尚回来了，禅师又问:“什么是佛?”小和尚又再竖指头，一看手指头没有了，这小家伙年龄虽小，根器却很猛利，当下恍然大悟。

那么这个公案当中的手指头是指什么呢，若是点破直白的说其实很简单，当然，我们觉得简单是因为看到了答案，如同当年世尊悟道之时，明白了缘起性空之理，那可是自身亲自证道的，现在只要了解佛教的人，都知道这四个字，我们无不是把果当成了因，因果倒置了。我们的头脑中装满了太多结论，却从未考虑过过程是什么样子，这和当今社会快餐式的生活方式有关，可悲可叹。

再把话头转回来，公案当中的手指，其实指的是佛法，手指所指向的地方，就是佛果，也就是所谓的彼岸，那么为什么伸出一只指头呢，意思是破掉执著，不要执著法，不要以为指头就是佛果，那不是彼岸，只是方便法，渡我们过河的一只船。不知道大家记不记得电视剧《西游记》当中，最后渡唐僧师徒过河的船是什么样子的，对了，是没底的，船没有底，大概也是这个禅意。

《金刚经》中，世尊描述自己的说法，如同渡船，到了彼岸，又有谁会背着一个船上岸行走呢，所谓“法尚应舍，何况非法”。公案中的小和尚，便是以为指头便是佛法，他倒是觉得简单方便，每逢来人问法，便举一指应对，屡试不爽，殊不知他和对方所悟到的东西截然相反，他执著于手指，对方却反倒不执著一物。俱胝和尚当机立断，将其手指砍掉，小和尚了悟，破掉执著，证果悟道。

我们凡夫俗子还是不要模仿祖师大德的做法，佛法修行不够，就是害人害己，徒造恶业，只有开悟的高僧大德，才能恰如其分的应机而度。这种对待小和尚的度化方法看似残酷，却也显示了俱胝和尚的大慈悲，恶因我来担，也要让你开悟，机缘一到，绝不能错过。这种大慈悲，凭借我们的心量是无法理解的，因此我们还要努力修行，一步一步的踏踏实实地走。

那么说到这里，反观我们的人生，我们是不是也像小和尚一样，过分执著那一个指头了呢，斤斤计较于鸡毛蒜皮的细节，当你反思的时候，是不是觉得当初的自己很可笑，不知道自己为什么会做出这样那样的举动。至少我经常是这样，当时发生事情的时候，整个心念便执著于其上，但是纵观我们的人生，又有什么是值得我们真正执著的呢，漫漫人生路，走过即逝，沧海桑田，留在我们脑中的不过是残存幻影，更无必要执著。生活当中我们要做的，就是用一颗尽量宽容慈爱的心来对待身边的一切，无论是善缘还是恶缘，细细地来感知，义不可言说，大爱无言，大音希声，大象无形。人生不易，我们要扩大自己的心量，真正地看到人生这一个过程，而不是在过程当中挣扎。在这里，用普希金的《假如生活欺骗了你》当中的一句话，来给大家宽宽心：一切都是瞬息，一切都将会过去，而那过去了的，就会成为美好的回忆！

若言琴上有琴声，放在匣中何不鸣？

若言声在指头上，何不于君指上听？

——苏东坡

悟就在转念

禅在生活中，
生活中处处是转念之处，
一念转去，冥冥之中便是康庄大道。

浙江的法眼文益禅师，往闽南参访时，行脚途中遇雪，就暂在地藏院中借住，因为风雪多日，与院主桂琛禅师相谈甚契，雪停后，文益辞别桂琛禅师，拟继续行脚。桂琛想送法眼一程，两人走到山门外时，桂琛禅师指着路边一块大石头问道：

“大德常说三界唯心，万法唯识，不知道这一块石头在你心内或心外?”

法眼文益毫不考虑地回答道：“依唯识学讲，心外无法，当然是在心内。”

桂琛禅师抓住了话柄，就问道：“你不是在行脚云游吗？为什么要放一块石头在心内？”

法眼文益瞠目结舌，不知如何回答，因此就决定留下来解开这个谜团。法眼在地藏院中的岁月，每天都向桂琛禅师呈上自己的见解，但桂琛禅师总认为法眼的见解不够透彻。

有一天，桂琛禅师就对他说道：“佛法不是这样子的！”

法眼不得已，再从另一个角度报告自己的心得，桂琛禅师仍然否定说：“佛法不是这样子的！”

法眼经过多次呈报，均不蒙桂琛印可，只得叹道：“我已经词穷意尽了。”

桂琛禅师听后，补充一句道：“若论佛法一切现成！”

在这句言下，法眼文益禅师大悟，后开法眼宗，门徒千余，得法者八十三人。

“若论佛法一切现成”，多么美妙的话语，法眼文益禅师想无可想，思无可思的时候，桂琛禅师一语点醒梦中人，你在那里想什么，有什么可想的，佛法不就是现成的么，所谓圣人着手处，即是百姓着手处。

对于我们初学佛法的凡夫来说，其实就是骑驴找驴，手中握着法宝，还在四处找法宝，这也就是法眼文益禅师悟道的过程，找啊找啊，到处都找不到，最后听到桂琛禅师的一句话，当下一刻醍醐灌顶，这里找了那里找，就是没有找找自己在哪，这一下，切入进去，就悟道了。一切现成，还要找什么，我们所处的这个世界，在圣人还是我们凡夫的眼中，所看到的东西其实是一样的。

那为什么在《金刚经》当中，又分为佛言法眼、天眼、肉眼等不同层次呢，差就差在这里。修行的境界不同，所看到的东西感受就不一样，一层一层执著的程度也不同。开悟之后，虽然看到的还是这些，但是确有种脱胎换骨的感觉，这种感觉来自哪，就是不执著了。当然了，不执著，这三个字很好讲，作为我们尚未开悟的凡夫来说，是根本体会不到的。写到这里，我也深感悲叹，悲叹自身缘分不足，根基太浅，希望能在漫长的客旅途中，逐渐探知这一境界。

《周易》中讲“仁者见之谓之仁，智者见之谓之智，百姓日用而不知”，我想上述圣凡的差别就在此吧，并不是说悟道了就看出了凡物里的不平凡，也不是比凡人多看出什么门道。若是看什么都不对，也只是“见山不是山，见水不是水”的境界，并非究竟。

有一部我很喜欢的武侠小说叫做《蜀山剑侠传》，其中凡是道法非常高的人，看起来都是非常普通的，以至于同道中人用天眼来看，也看不出什么特别之处，于是就这样在世间游戏三昧。对于“游戏三昧”这个词，我想容易让大家误解，以为是游戏人生、放荡不羁，什么都不在乎，这是游戏三昧吗，不对，这叫不负责任、逃避现实，作为一个修行者，是要正视现实、勇敢面对，从而转变现实，这才叫做勇猛精进。“三昧”所指，便是禅定之意，当你的心已经澄如明镜，不再执著，在这物欲横流的世界当中能够稳得住脚，立得住身，正所谓“繁花林中过，片叶不沾身”，达到这个境界的时候，依然在这个世界上生活，度化众生，这才是“游戏三昧”，是大菩萨才能有的境界。身在五浊恶世，却片尘不染，遇到境界先前，该哭便哭，该骂便骂，鸣天下不平之事，笑天下可笑之人，但是所做的这一切，又都是“从心所欲不逾矩”，此谓之“游戏三昧”，与前文说的游戏人生可是云泥之别，万不可以此作为自己放浪形骸的借口，那样可就谬之千里了。

悟在转念间，我们说，悟道后并不是看什么都不对，而皆是原物，皆是现成，变就变在哪里，就是“念”，至于佛法中真正悟道后的样子，我这凡夫小子却并没有真正体会过，只是看到过前人大德的描写，没有切身的体验，实在说不出什么，只不过是心向往之而已。

那么，无论是什么理论，什么境界，归根结底，无不是落在生活中的，从日常生活当中着手，最后又回到日常生活中，悟，固然是在转念之间，但这能看到的，如同雷霆万钧的一转念，却是经过了无数的积累，无数的磨炼才得到的，前面的这一系列细微的变化，是不易察觉的，是量变积累到一定阶段的爆发。不论是追求佛道，还是要达到世间的某一目的，比如生意成功、学业有成等，成功其实也是在转念之间，我们切勿好高骛远，看到祖师大德的悟道，看到他们潇洒的游戏三昧，看到某一商界精英的辉煌历程，就立刻执著于他们的现实，他们的果报，然后便三分钟热度，以为自己已经是他们，处处用他们的处事标准来套用到自己身上，当你的思维是这样的时候，其实意味着你已经失败了。为者失之，执者败之，我把《道德经》中的话放到这里来理解，相信也是恰当的。《道德经》中的无为并不是叫你什么都不做，也不是叫你做的太过，而是抓住当下，追求佛道，追求世间的成功，都要从当下做起，只要转一念，并且坚持下去，其实你就已经成功了。那就是你要意识到，抓住当下的每个细节，从眼前的事情着手，完美每一个细节，做好每一件小事。天下难事必作于易，天下大事必作于细。

这些道理很多人都懂，但是能做到的却是凤毛麟角。念头是个很奇怪的东西，你要舍弃他，但是还要依靠他，无论做什么，念头都是成功的第一步，有一个正念，也就是说，当你从过去的旧观念中解脱出来，萌生出了一个新观念，那么你已经成功了，因为你突破了自我的桎梏，这就是所谓的转念，我们应该把这个概念扩而广之，不要仅仅局限在开悟那么一点点意思上，放在生活当中，从一点一滴做起。下面再介绍一段公案，来看看祖师大德们是怎么来践行生活禅的，也就是用正念来引导自己在生活的每一个细节当中修行、炼心。

峨山慈棹禅师在月船禅慧禅师处得到印可，月船就对他说道："你是大器，至今终能成就，从今以后，天下人莫能奈你何，你应发心再参善知识，不要忘记行脚云游是禅者的任务。"

有一年，峨山听说白隐禅师在江户开讲《碧岩录》，便到江户参访白隐禅师，并呈上自己的见解，谁知白隐禅师却说道："你从恶知识处得来的见解，许多臭气薰我！"

于是，便把峨山赶出去，峨山不服，再三入室，三次都被打出来。峨山心想：我是被印可的人，难道白隐禅师看不出我有实悟？或许是在考验我吧！便再去叩禅师的门说道："前几次都因我的无知，而触犯了禅师，愿垂慈诲，我一定虚心纳受。"

白隐禅师道："你虽担一肚皮禅，到生死岸头，总无着力，如果要痛快平生，须听我‘只手之声’（参一只手所发出的声音）！”

因此，峨山便在白隐禅师座下，随侍四年，在峨山三十岁那年终于开悟。

峨山是白隐禅师晚年的高足，峻机妙用，大振白隐的门风。后来年老时，在庭院外整理自己的被单，信徒看到，觉得奇怪，便问道：“禅师！您有那么多的弟子，这些杂事为什么要您亲自整理呢？”

峨山禅师道：“杂事，老年人不做，那要做什么？”

信徒说道：“老年人可以修行呀！”

峨山禅师非常不满意，反问道：“你以为处理杂务就不是修行吗？那佛陀为弟子穿针，为弟子煎药，又算什么呢？”信徒终于了解到生活中的禅。

这则公案固然有其修行上的意味，也就是要大家破掉执著，白隐禅师批评峨山不要担一肚子禅，要扔掉，不要执著，损之又损之后，才是禅，才是悟。除此之外，还强调一点，就是在生活中修行，用正念引导，一点一滴来做，来磨炼心智，来体味生活。一般人最大的错误，就是把做事与修行分开，有许多公案都是在说这个道理，比如黄檗禅师开田种菜，沩山禅师合酱采茶等，这恰恰在说明，禅在生活中，生活中处处是转念之处，一念转去，冥冥之中便是康庄大道。

观影原非有，观身一是空。

如采水中月，似捉树头风。

揽之不可见，寻之不可穷。

众生随业转，恰似寐梦中。

——王梵志《观影原非有》

心了不可得

当你不随妄心轮转，而了然空荡，
才可体会到自己的真心所在，
真心也就是我们内心深藏的佛性，
这是大象无形的。

传说禅宗二祖慧可禅师是他母亲感佛而得，诸佛赐子，自然悟性颇高智慧不凡。他饱读儒道经典之后，觉得“孔老之教，礼术风规，庄易之书，未尽妙理”，就是说，儒道思想，终究无法帮助他解决内心的疑惑。后来他接触到佛法，终于栖心其中。但是经过多年研习，甚至禅修入定，他始终都不能参透生死问题，不能祛除他内心的不安。尽管如此他也没有分秒想放弃修行，反而愈加悉心钻研，护法神有感于他的虔诚，又知道他并非凡人，将欲受果，便显圣点拨他向南方求法，于是慧可禅师一路风尘，奔赴少室山去向面壁修行的达摩祖师求法。

其时达摩祖师只是面壁而并不理睬慧可，以打磨他的锐气，慧可愈发恭敬虔诚，长立雪中，甚至不惜砍下自己的左臂以表求法决心，此时诸天为其诚意所感，普降红雪。达摩终被打动。古人求法，废形忘躯，朝闻道，夕死可矣。

慧可禅师向祖师问道："老师能将诸佛法印传授给我吗?"

祖师道："一切的诸佛法印并不是从别人那里求得的。"

慧可禅师听了很茫然，便说："我虽学道多年，但是我的心仍未安稳，请求师父赐予我安心的法门。"

祖师道："你把心拿来，我给你安!"

慧可禅师沉吟了好久，回答道："我的心呢……我到哪里去找……"

祖师于是回答道："行了，我已经给你安好了。"

慧可禅师听了祖师的回答，当即豁然大悟，心怀踊跃。原来并没有一个实在的心可得，也没有一个实在的"不安"可安，安与不安，全是妄想。

如题所见，"心"了不可得。了不可得，就是不论什么情况都得不到，了了然，空荡荡，你真的要去找它的时候，就会发现它实际上是虚妄的。我们的喜怒哀乐、愁苦烦忧，虽然这种种情绪都真实的影响着我们，但是当我们真正正视它们的时候却找不到一个实在，所有的欢乐烦恼、焦躁不安，都是在生活中强求挑剔的结果。我们总想摆脱烦恼追求快乐，却不知道越是追求就越是执著，也就越得不到安适从容，得不到真正的快乐。

在这嘈杂喧闹的人世里，无论是我们的生存空间还是心灵空间，都在被焦虑、紧张持续的压缩。英文里有个单词来形容这种状态非常形象：deadline，字面意思是“死期”，听起来着实令人胆寒。这其实与“无常”是一个意思，万物时常变转，没有什么能持久永恒。佛家说“诸行无常”，这痛苦的状态就是“无常”带来的压迫感。《涅槃经》十四曰：“诸行无常，是生灭法，生灭灭已，寂灭为乐。”世间一切，有生有灭，反观处在世间的人们，挣扎奔走，执著追求，到头来不过是一场生灭轮转，皆是浮云，何苦来哉！

世间万物，大到宗教的修行解脱，小到百姓的柴米油盐，其实都是在探究同一个问题的答案，那就是“心归何处”。红尘人海，忙忙碌碌，虽每天都与人交往接触，周身车水马龙，却总也摆脱不了内心深处的漂泊无依，何处是归途。《我爱我家》的片尾曲里有句歌词说的好，“内心的平安才是永远”，让在红尘俗世中苦苦挣扎的我们，为之一动。俗世纷扰，本就无处可归，只求心安意静，泰然处之。

我们总想快乐，却总事与愿违，每每被各种大事小情牵动情绪，纷纷扰扰，着实疲累。曾与三两朋友闲坐，大家感慨时间飞逝、年华渐去，曾经的活力无限早被日复一日的朝九晚五磨得奄奄一息，朋友不禁丧气：“人活着究竟是为了什么啊……”每每此时，我便庆幸自己这几年的哲学熏陶，让我更早的看到了人生的豁达与解脱。既然不知道为了什么活着，那就简单的为自己而活吧，人生一世，弹指一挥间，得失取舍不必执著，心灵的纯净与愉悦才值得拥有。

“百年三万六千日，不在愁中即病中”，德国哲学家海德格尔说过：“人的本质就是烦恼。”我们在世间所求的快乐并不是永恒的，只是相对的和暂时的，每一件我们认为快乐的事，它的背后无不隐藏着隐隐的忧虑，“祸兮福之所倚，福兮祸之所伏”，人本身就是个矛盾的载体，我们被矛盾的张力所折磨。电影《梅兰芳》里，梅兰芳的爷爷临终前对他讲过一句话：“再大的繁华也只是一场虚空。”繁华与虚空，有与无，还有旦夕祸福的矛盾，在佛法里称为生灭法，生生灭灭，永不停息，就像一个圆环，没有止处，佛教则以车轮做喻，形象地创了“轮回”一词，表示众生痛苦无有止境。佛家追求涅槃寂静，摆脱轮回之苦，我们凡人达不到佛陀所说的境界，可是离苦得乐的道理是一样的，那就是放下执著和欲望，而获得通达快乐的生活。

追求快乐幸福，摆脱痛苦烦恼，这是大家都想要的也是正在做的，可是越是想要却越是抓不住，处在欲海中的人们不知道自己每天在随着妄心在转，习以为常，和一个生灭虚妄的东西黏在一起，还以为时而烦恼、时而快乐的感觉就是真正的自己。其实那近在眼前的快乐不过是镜花水月，一生到老，终是竹篮打水。既然知道人生的本质是烦恼，不如放下一切，放下执著和妄念，放下对心外的欲望的强求，转而向自身内心的诉求和修习。当然佛法并不是教导众生消极避世，而是告诉人们如何跳出俗世中纷繁的痛苦，使自己归于平静安适，自信达观。当你不随妄心轮转，而了然空荡，才可体会到自己的真心所在，真心也就是我们内心深藏的佛性，这是大象无形的。

大词人辛弃疾的《青玉案·元夕》中有一名句，后来被王国维先生列入读书三境界之一，用在这里最合适不过："众里寻他千百度；蓦然回首，那人却在灯火阑珊处。"当你去寻找自己的真心的时候，那种由寻找，到失望，再到惊喜的过程，正是这么一种感觉。当然，这首词的本意与佛教的寻心没有太多联系，但词中的意境——蓦然回首后欣喜而又平静的体验，大音希声，那种无法言语的快乐却和佛教修行的体验殊途同归。

尘缘苦短，叹人间路长，怎容我细思量；繁华瞬间，如梦幻一场，世间人又几番空忙；何不超脱乐与愁，悠然垂钓于时间的溪流；一念放下，喜乐充满，无我无苦，随缘世间。

身心一无系，浩浩如虚舟。
富贵亦有苦，苦在心危忧。
贫贱亦有乐，乐在身自由。

——白居易《咏意》

本无

六祖惠能的顿悟

惠能的『三无』禅

大地山河，宇宙万有，
都是因缘和合的存在，
没有因缘，就没有一切；
世间上没有单独存在的东西，
缘起性空，便是禅！

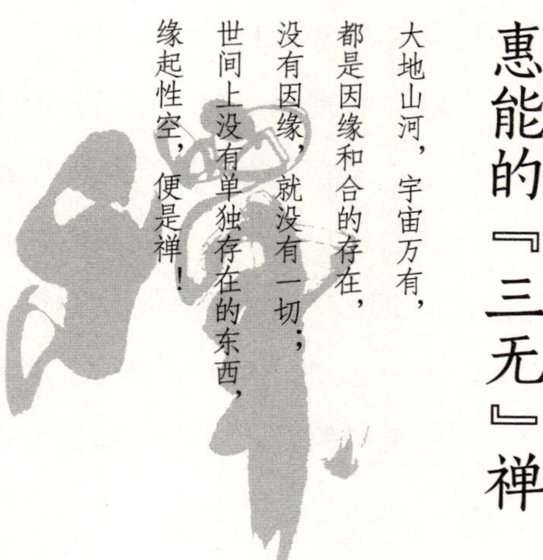

“宗教”这个词从来都是被大家连起来读的，其实细分起来，宗是宗，教是教，是不相同的，这里开始写到六祖惠能大师的禅宗，其标新立异，以无念为宗。因此，借此题名，先来漫谈一下宗与教之间的关系。

我们常把“宗教”这样的词语连起来读，而忽略了这一词汇其中更细微的含义，这便是我们凡夫思维境界的粗犷，如同一个固体，在我们的肉眼看来，只是一个物体，放到显微镜下，便又是另一番景象。自古以来，但凡有作为的人物，无论是文人还是武将，无不有着精细的思维，在史书上看到他们的事迹后，我们无不赞叹他们对过去的理解，对当下的把握以及对未来的预测，条理清晰、错落有致的思维是促使他们成功的重要因素之一。这也是人生在世分成三六九等的原因，我不是命定论者，也没有宣扬什么反动的思想，只是在我个人的生活经历中看到，自己与成功者那种在思维上、魄力上等方面的天然的差距，后天的努力所填补的，也只是经验而已，包括后天的努力，也只是经验的不断获得。这就好比中医中讲的先天之气与后天之气的差别，所谓先天之气就是生来禀受父母以及神识所来的能量，人与人之间的先天之气是不同的，用煤气罐做个比喻，牛人一出生，父母给了一罐煤气，而我们一出生，只得到了半罐，这就是差距，于是我们就要开源节流，在节约先天之气的基础上，来补充后天之气，并且将后天之气转化为先天之气，以此来追上牛人的进度，当然，这话说起来简单，做起来要付出极大的努力，以及要有好的机缘，不是想当然的。

我经常喜欢举一个例子，就是佛像的例子，去过佛教寺院的人如果仔细观察，都会发现这样一个现象，那就是佛像的样子大致都一样，无论什么地方的佛像都一样，无论什么佛，他的样子都是一样的，我是说他们的神态、样子。至于手中拿的法器，或者藏传与汉传风格的差异，这属于文化上的差异，在此不论。他们的样子为什么都一样呢，这是有喻意的，众生皆有如来智慧德相，只因分别妄想执著迷了本性，所谓如来智慧德相，我们凡夫与佛无二无别，这就是佛像为什么都一样的原因，同样是一种境界。当然，这个境界用佛像表达出来也是迫不得已，因为无法用实体形容，又不得不让大家知道，于是只能用佛像，教义也只能用经典传播。那么，佛以下，区分各类众生的源头是什么呢，就是分别妄想执著，这三个因素决定了佛以下的众生之差别，有了习气，有了业力，于是有了业报，有了差别。我们看寺院里的菩萨像、罗汉像以及护法像，这些像就出现了各式各样的神态、动作，有慈有怒，各式各样。

下面把话题拉回来，继续来说宗与教的差别，所谓教，就是以整个佛教为背景来阐述佛教，比如三宝佛法僧，这就是教下，无论你哪门哪派，都不能否定这三个因素，否则就不是佛教了，这是一个最大的外延。所谓宗，就是在教下的各种各样的宗派，比如华严宗、三论宗、唯识宗、禅宗等。用我国行政区划来做个比喻，教下就是中华人民共和国，宗下就是各省市。佛教，其教下的资源浩如烟海，每个宗派的祖师，以自己因缘所遇，以适合自己的方式悟道，都只是用了教下的一部分而已，通过这一部分切进去，所谓条条大路通罗马，这个最俗的比喻放在这里很合适。下面说一则禅宗公案，来引出禅宗的一些问题，公案故事性强，比我在这里干说更容易理解。

赵州从谂禅师，山东人，十八岁时到河南初参南泉普愿禅师时，因为年轻，南泉禅师正躺着休息，就没有起身，看见赵州时就仍睡着问道："你从哪里里来?"

赵州："从瑞像院来。"

南泉："见到瑞相了吗?"

赵州："不见瑞相，只见卧如来。"

南泉禅师于是坐起来，对赵州颇欣赏，问道："你是有主沙弥? 还是无主沙弥?"

赵州："我是有主沙弥。"

南泉："谁是你的师父呢?"

此时，赵州恭敬地顶礼三拜后走到南泉的身边，非常关怀地说道："冬腊严寒，请师父保重!"

于是南泉禅师非常器重他，因赵州是以行动来代替语言。从此，师徒相契，佛道相投，赵州成为南泉禅师的入室弟子。

有一天，赵州禅师请示南泉禅师一个问题："什么是道?"

南泉："平常心是道。"

赵州："除了平常心之外，佛法无边，另外是否还有更高层次的趣向呢？”

南泉：“如果心中还存有什么趣向，就有了那边，没有这边；就会顾了前面，忘了后面，因此，所谓全面、被扭曲了的东西，怎会是圆融无碍的道呢？”

赵州：“如果佛法没有一个趣向，回顾茫茫，我怎么知道那就是‘道’呢？”

南泉：“道不属知，不属不知；知是妄觉，不知是无记。若欲真达到不疑之‘道’，你应当下体悟，‘道’犹如太虚，廓然荡豁，岂可强说是非耶？”

赵州禅师自小就聪明颖慧，出言吐语，自有禅味，一句“不见瑞相，只见卧如来”，赢得了南泉普愿禅师的欣赏，即至问他是有主的沙弥还是无主的沙弥，他不用一般的语言回答，他用行动表示，顶礼、侍立，这不就是无言说的禅风吗？赵州禅师的禅，重在自我肯定，自然随缘，所谓从平常心流露，不做斧凿，自有一番禅心慧解！去了依赖性。

这则公案非常具有代表意义，把禅宗的特点一言而尽，里面有几个重点，我在这里做个总结，无言的说教、以师为佛以及平常心是道。赵州的一句“不见瑞相，只见卧如来”，充分体现了禅宗注重当下解脱的教义，当下便是最真实的，当下就是前念与后念之间的那一刻，若赵州回答看见瑞相了，就是着相，他的回答正好契合禅宗无相为体的宗旨。其次，这句话还表现了禅宗对传承的尊重，所谓以师为佛，这是对正法的信任，只有无疑，才能坚定，才能无悔，若有疑，终究成不了大器，同时，对师的尊重也体现了禅宗作为我国本土的佛教宗派，其与儒家相互融合的特征，尊师重道，以师为父，以师为道，学而无疑。最后就是平常心是道，南泉的解释是“如果心中还存有什么趣向，就有了那边，没有这边；就会顾了前面，忘了后面，因此，所谓全面、被扭曲了的东西，怎会是圆融无碍的道呢?”体现了禅宗的立宗是本，就是无念为宗，有念就是有所待，用庄子的话来讲，有所待终究还不是道，还是有障碍在，还是有知见在，必须要砸碎，才能达到真正的圆融无碍，但这个无又不是纯粹的没有，还是要抓到一个东西，这个东西无法言说，又不得不言说，这就是“道”。这是要靠当下体悟的，不是言语上的诡辩能说清楚的。其实，禅宗的三无，无念为宗，无相为体，无住为本，三者说得都是一个东西，就是破除障碍，念相住对应着分别、妄想、执著。破掉三者，就是解脱。可以说，禅宗是我国的瑰宝，是佛教的灵魂所在，其顿悟教育法引起非议也是可以理解的，毕竟，灵魂性的东西，也只有上根器者可以践行，因材施教嘛。

上面的公案当中还提到重要的一点，不知道大家有没有注意到，就是赵州以行动代替语言来取得老师的青睐，这一细节充分体现了禅宗是生活中的禅宗，禅机体现在生活当中，并不是脱离生活的，其实大家如果仔细观察就会发现，一切一切的禅宗公案、禅宗教义，祖师大德的教育法当中，无不体现了禅在生活中这一信条，苦口婆心、不厌其烦地说，说，说，就是在表达这一个意思，可是我们根基太浅，悟性不够，只是听听言语上的意思，觉得挺有道理，语言挺美，把玩把玩也就过去了，没有真正的切实的感受上的体悟。大家学到佛学当中的一点一滴以后，就要给自己的思想上个闹钟、定个时，遇到烦恼障碍的时候，让这个警钟响一响，这样慢慢的，就会把这些东西滋润进去，渗透到生活当中，使得佛教真正能够指导我们的生活，而不是悬在一个不可知的神圣领域，这样便有违了佛教的初衷。

下面一个公案，是破除我执的一个重要的思维方法，也充分体现了禅宗之无，以及佛教缘起性空的道理，希望大家能有所收获，也为下一节“有无之境”做一个铺垫。

弥兰陀王非常尊敬有过禅悟的那先比丘，那先比丘从禅修中证悟智能，出言吐语充满了慧思灵巧。有一天，弥兰陀王向那先比丘道：“眼睛是你吗?”

那先比丘笑笑，回答道：“不是!”

弥兰陀王再问："耳朵是你吗？"

那先比丘再回答道："不是！"

"鼻子是你吗？"

"不是！"

"舌头是你吗？"

"不是！"

"那么，真正的你就只有身体了？"

"不，色身只是假合的存在。"

"那么'意'，是真正的你？"

"也不是！"

弥兰陀王经过这些问答，最后问道："既然眼耳鼻舌身意都不是你，那么你在哪里呢？"

那先比丘微微一笑，反问道："窗子是房子吗？"

弥兰陀王一愣，勉强回答："不是！"

"门是房子吗？"

"不是！"

"砖、瓦是房子吗？"

"不是！"

"那么，床椅、梁柱才是房子吗？"

"也不是！"

那先比丘悠然一笑道："既然窗、门、砖、瓦、床椅、梁柱都不是房子，也不能代表这个房子，那么，房子在哪里呢?”

弥兰陀王恍然大悟!

弥兰陀王悟了什么?“缘起性空”，大地山河，宇宙万有，那是因缘和合的存在，没有因缘，就没有一切!世间没有单独存在的东西，一切假因缘而生，一切是自性空。缘起性空，便是禅!

蒸沙拟作饭，临渴始掘井。
用力磨碌砖，那堪将作镜。
佛说元平等，总有真如性。
但自审思量，不用闲争竞。

——寒山《蒸沙拟作饭》

有无之境

只有佛法的利器，才能破除黑暗，打通有无，体悟佛陀的慈悲，打开自心的宝藏，放自性之光。

上节弥兰陀王与那先比丘的那则公案，很好的体现了佛教的“空”是什么，直观的解释了何为有，何为无。我们的整个世界，是由我们所安立上去的一切名言概念所构成，并没有独立的这么一个实体存在，这一切的名言概念星罗棋布所构成的表象的世界，就是康德所说的文化，这是整个人类得以生存的全部意义世界，并且随着人们对世界的体认在不断的完善中。如今的科学研究正在经历一个从有到无的研究过程，这一过程其实就是求证佛教理论的过程，科学求证佛教，佛教滋润着这个世界看不到的一面。如同易经中的“坤德”一般，承载、温暖着这个世界。真理的光芒无时无刻不普照着四方，这种光芒似有非无，无处不在，然而，无明的黑暗坚固的挡在我们面前，真理的慈悲虽已照破无明，而我们却依旧执著，沐浴在阳光之中，却又处在对无明的执著当中，不能自拔，痛苦挣扎，而又自以为乐。只有佛法的利器，才能破除黑暗，打通有无，体悟佛陀的慈悲，打开自心的宝藏，放自性之光。

文化的世界是我们人生意义的全部，于是有了法执著，也就是对外的执著，只要有执著，便有对立，于是还存在对内的执著，也就是对自我的执著，其实佛教当中的“法”这个概念是包含一切的，对我的执著也可以说成是对法的执著。对文化的执著，在公案当中表达的很清楚，“房子”其实只是一个名言概念而已，并无一个实体存在，我们凡夫的思维是粗狂的，每当提起“房子”一词，这个概念便和那个由众因缘所构成的有窗户、门等构成的东西紧密的结合在一起，但是我们把这个“房子”一层层的剥离，我们就会发现什么都没有，拆掉之后，分成门，窗，砖块等，这些被命名的名言概念，也依然可以逐次破除。最终推导出无，世界从无而生，这个在现在的物理学界，已经有所发现，科学家探索世界的组成过程当中，一步一步地分析，最终也看到了这一点，举一个大家都知道的例子，我们中学学习物理的时候都学过一个概念，叫原子，这是组成物质的一个基本例子，似乎这就是有，但是我们看到原子的内部就会发现，原子的内部几乎是空的，因为原子核和电子的体积相对于整个原子，几乎可以忽略不计。就是这些近似于无的粒子，通过聚变与裂变，就可以产生足以摧毁世界的能量。

无能生有，这个说法从哲学的角度来看，似乎是说不通的，无就是空，怎么能生出有呢，看似痴人说梦。但在佛学当中，这确实是行得通，无能生有，无就是有，有也是无，二者本就是一个东西，这个东西又是非有非无的。这就是学佛要达到的境界，我们最后要体认到的境界，学佛者都向往的境界。有无之间的桥梁，在佛学当中，就是因缘，所谓因缘和合，便生万法，因缘和合而又无自性，是空的，但形成的景象却又是有。这一理论需要切实的佛教的修证才能通过现量的方式体认的到，所谓现量的方式，就是当下直观，很简单，悟道的状态，就是看到道的样子，如同我们看周围一切的样子一样，这就是现量，是自己的修行体认，如人饮水，冷暖自知。与此相对的是比量，比量就是我们对道的形容，是这样，是那样，你可以想象，但终究不是你当下看到的样子。

这看似文字游戏的理论，其实也是让大家破掉执著，得到快乐。当你修证到这个层次，自不必说，就算我们没有修行的凡夫，也可以用这个理论来思维所面对的一切事情，不生喜，不生悲，淡然处世，不造轮回恶业。你这样思维了，就等于修证了，慢慢地调心，也自会有所成就。

打个比方，当有人骂你，你就如上述思维，骂你的那些话，不过是名言概念，通过喉咙的震动传出来的，并没有实体。这样思维，便不会“里应外合”，否则，他骂你，你一执著，嗔恨心一起，最终害了的只有你自己，与别人没有任何利害关系，但有时候我们就是过不去那道坎，甚至因为一些小事，最终遗憾终生。说到这里，想起了寒山与拾得的一则公案，希望大家体悟。

唐代丰干禅师，住在天台山国清寺，一天，在松林漫步，山道旁忽然传来小孩啼哭声音，他寻声一看，原来是一个稚龄的小孩，衣服虽不整，但相貌奇伟，问了附近村庄人家，没有人知道这是谁家的孩子，丰干禅师不得已，只好把这男孩带回国清寺，等待人家来认领。因他是丰干禅师捡回来的，所以大家都叫他“拾得”。

拾得在国清寺安住下来，渐渐长大以后，上座就让他担任行堂（添饭）的工作。时间久后，拾得也交了不少道友，尤其其中一个名叫寒山的贫子，相交最为莫逆，因为寒山贫困，拾得就将斋堂里吃剩的饭菜用一个竹筒装起来，给寒山背回去用。

有一天，寒山问拾得说："如果世间有人无端的诽谤我、欺负我、侮辱我、耻笑我、轻视我、鄙贱我、恶厌我、欺骗我，我要怎么做才好呢?"

拾得回答道："你不妨忍着他、谦让他、任由他、避开他、耐烦他、尊敬他、不要理会他。再过几年，你且看他。"

寒山再问道："除此之外，还有什么处事秘诀，可以躲避别人恶意的纠缠呢?"

拾得回答道："弥勒菩萨偈语说：

老拙穿破袄，淡饭腹中饱，补破好遮寒，万事随缘了；

有人骂老拙，老拙只说好，有人打老拙，老拙自睡倒；

有人唾老拙，随他自乾了，我也省力气，他也无烦恼；

这样波罗蜜，便是妙中宝，若知这消息，何愁道不了?

人弱心不弱，人贫道不贫，一心要修行，常在道中办。

如果能够体会偈中的精神，那就是无上的处事秘诀。”

有谓寒山拾得乃文殊、普贤二大士化身。台州牧闾丘胤问丰干禅师，“何方有真身菩萨?”告以寒山、拾得，胤至礼拜，二人大笑曰：“丰干饶舌，弥陀不识。”

意指丰干乃弥陀化身，惜世人不识。说后，二人隐身岩中，人不复见。胤遣人录其二人散题石壁间诗偈，今行于世。

寒山、拾得二大士不为世事缠缚，洒脱自在，其处世秘诀确实高人一等。

二位大师轻松道出了佛教的处事哲学，但大家看到这则公案，可能会不太理解，这不就是让人软弱、窝囊么，哪有一点大师的风采，要是这样忍着，还不得忍出病来。其实大家都理解错了，这则公案中的偈子藏有深意，所谓佛教中的忍辱，并非忍辱本身，而是无辱可忍。心中不执著，上文我说了，没有里应外合，便不会起作用，当然，这是修养本身的境界。拾得的第一次回答：“你不妨忍着他、谦让他、任由他、避开他、耐烦他、尊敬他、不要理会他。再过几年，你且看他。”这是从现实的教育法来看他，他来侮辱你，动嗔恨心，这本身就是在造业，自作业自受果，自有他的受，现实当中就能看得到，你又气个什么，自然也伤不到你，还能防止对方造作更大的恶业，何乐而不为。何必为了自己所谓的“面子”，最终遗憾终生。

在生活中，即使我们没有那么高的修养，也可以变通着来学习这则公案的精神。比如，当别人诽谤你、欺负你的时候，千万不要当下就气血冲头，硬碰硬，不妨先避其锋芒，冷他个几分钟，甚至几天，把握好这个度，冷却下来以后，再去和其人沟通，用不同的渠道来化解怨气，不是更好吗，这样既能避免更大的对双方的损伤，也能让自己广结善缘，避免对方造作恶业，这也是你慈悲的表现，宽宏大量的表现，又怎么能损伤你的面子，有时候我们过分的实际，其实也是有很多弊端的，态度要圆融一些，眼光要长远一些，过分计较眼前得失的人，必定也成不了什么大气候。我们处事的时候，要像《金刚经》当中所说得，“应无所住而生其心”，这也是我一直强调的一点，无住就是不执著，但是还要生心，这一点很重要，大家看了这个会问，都无住了，还怎么生心，岂不是前后矛盾么，这正是佛教动人的一点，无住，但是要生心，说明禅是生活的，佛教是生活的佛教，不是把人修成木头，而是成为一个圆满的人，自身有大能力、大智慧，不执著，还要悲悯众生，所生之心念念为众生，念念为佛法。心处世外，身是世间人。再来看一个公案，里面佛窟惟则禅师的教导能给我们很大的启发。

佛窟惟则禅师，宋朝长安人，少年出家后，在浙江天台山翠屏岩的佛窟庵修行。

他用落叶铺盖屋顶，结成草庵，以清水滋润咽喉，每天只在中午采摘山中野果以充腹饥。

一天，一个樵夫路过庵边，见到一个修道老僧，好奇地向前问道："你在此住多久了？"

佛窟禅师回答道："大概已易四十寒暑。"

樵夫好奇地再问道："你一个人在此修行吗？"

佛窟禅师点头道："丛林深山，一个人在此都已嫌多，还要多人何为？"

樵夫再问道："你没有朋友吗？"

佛窟禅师以拍掌作声，好多虎豹由庵后而出，樵夫大惊，佛窟禅师速说莫怕，示意虎豹仍退庵后，禅师道："朋友很多，大地山河、树木花草、虫蛇野兽，都是法侣。"

樵夫非常感动，自愿皈依作为弟子。佛窟对樵夫扼要的指示佛法的心要道："汝今虽是凡夫，但非凡夫；虽非凡夫，但不坏凡夫法。"

樵夫于言下契入，从此慕道者纷纷而来，翠屏岩上白云飘空、草木迎人、虎往鹿行、鸟飞虫鸣，成为佛窟学的禅派。

一坐四十年，用普通的常识看，四十年是漫长的岁月，但证悟无限时间，进入永恒生命的圣者，已融入大化之中的惟则禅师，这只不过一瞬之间而已。在禅者的心中，一瞬间和四十年，并没有什么差距。

禅者的悟道中，他所悟的是没有时空的差距，没有人我的分别，没有动静的不同，没有生佛的观念（众生与佛）。

“虽是凡夫，但非凡夫之流”，因为人人有佛性，真理之中绝生佛之假名，哪里有是凡夫非凡夫的分别？“虽非凡夫，但不坏凡夫法”，禅者悟道，不破坏另有建立，不坏万法，而已超越万法了。

“大地山河，树木花草，虫蛇野兽，都是法侣。”这句话给我们的启示应该是很大的，告诉我们佛教当中的一个重要的思想，就是“爱”，也就是慈悲心，当修行到一定境界，我们与世界便不分彼此，爱自己便是爱世界，爱世界便是爱自己，与道合真，与周围一切为一，所谓无缘大慈，同体大悲，佛菩萨看众生就如同看待自身一样，这是无我，也是有我，无住，又生心。我们在生活当中，虽然无法自然而然的做到同圣贤一样的境界，但是我们可以照着这个道理去做，尽量爱护周围的一切，不要伤害周围的一切，不光是有情众生，哪怕一草一木，因为他们与你无二无别，如此思维，时间一久，自然有所领悟，自然有所收获。

“汝今虽是凡夫，但非凡夫；虽非凡夫，但不坏凡夫法。”禅师的这句开示，很好的为“应无所住而生其心”做了注解。有就是无，无也是有，我们即使悟道，也是凡夫，否则，悟道后便以大师自居，以为自己有多了不起，那不是真道，只是小果而已。悟道后，你确实已经不是凡夫了，但不坏凡夫法，但是这时候你所做的一切，都已经从心所欲不逾矩了，都是合乎道的，但你又不是脱离这个世界而存在的，悟道终究还是落实在生活当中，这就是大乘佛教的精神，并不是说悟道后有个去处，那叫逃避，佛教的精神应该是面对。

大家能正确理解上述的文章后，便能在生活当中运用这些处事之道，遇到什么事情以后，不能逃避，该你承担的东西，逃避是逃避不来的，因果的眼睛是雪亮的。面对问题，也不是要你硬碰硬，而是要学会方法，使得双方得利，既不是损人利己，也不是两败俱伤。同时事情过去以后，过心不留，如理思维，这是你应当经历的一段因果，过去便过去，心里不再执著。希望大家能把这些道理切实运用在生活当中，让自己的一生都能以一种内心安宁的状态来度过。

山头禅室挂僧衣，

窗外无人溪鸟飞。

黄昏半在下山路，

却听松声连翠微。

——綦毋潜《过融上人兰若》

平常

马祖道一的洪州禅要

平常心是道

所谓大道至简，又有几人能做到，谁能在生活中潇潇洒洒，片尘不染。

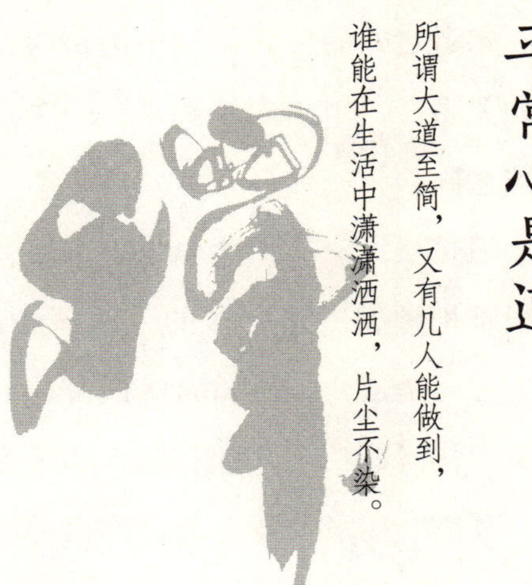

禅宗的发展，其每个时代，所尊奉的经典不同，教育方法也各式各样，悟道的方法更是千奇百怪，但是其中一个东西是不变的，也就是禅宗的内核，就是心，强调心性上的觉悟，强调般若的力量，也就是智慧的力量，用智慧的力量来斩妖除魔，然而道家所走的路子则正好相反，是从身体入手，也就是从炼形入手来达到证悟，一个由内到外，直指人心，直接从根上改变，当然，这要上根器的人才能做到，因缘聚合才行，后者从有形入手，通过炼形，一步一步地回到般若上来，所谓为道日

损。二者之间的关系如同中国传统武术的内家拳和外家拳的关系，一个由内练到外，一个由外练到内，最终还是殊途同归，一致百虑。

但是从大家的惯性思维上来讲，般若的力量毕竟还是很难把握，于是更多的人执著于神秘，执著于神通，以为神通是道，练得如同《西游记》当中孙悟空的七十二般变化就成功了，殊不知，那终究不是解脱。下面看一个有趣的禅宗公案，是道家祖师吕洞宾和黄龙禅师的故事，正好可以说明炼形与般若。

黄龙禅师，俗姓张，河北清河人，初次参拜岩头禅师时，问道："如何是祖师西来意？"岩头不答，反问他一个不着边际的问题："你懂得除去手上的糍粑吗？"说着，岩头一个劲搓手，黄龙回答说自己懂得。岩头说："那你且去除糍粑吧。"黄龙若有所悟。糍粑是一种黏米做的黏糕，吃的时候经常沾满手上，黏黏糊糊，很是讨厌。黄龙虽然明白一点，可是要去除心里的糍粑谈何容易，身心总是感到不利索，滞滞碍碍，黏黏糊糊。于是黄龙又去参访岩头的得法弟子玄泉禅师，依然是老问题："如何是祖师西来意？"玄泉拿起一个皂角，问他："懂吗？"可怜黄龙干瞪眼，连连摇头。玄泉放下皂角，作搓衣状，这下，黄龙觉得自己明白了，遂顶礼谢道："这次，总算可以确信佛法没有差别了。"现在轮到玄泉奇怪了，看黄龙一脸懵懂，不像彻悟的样子，怎么说出“佛法无别”的话来，就追问道：“你如此说，究竟明白了什么道理?”黄龙说：“我曾经问过岩头禅师这个问题，岩头告诉我去除糍粑，意思是解黏；您刚才拿起皂角，又作搓衣状，也是解黏，所以……”还没说完，玄泉突然呵呵大笑起来。黄龙一愣，恍然大悟。后黄龙在今湖北武昌黄龙山创建禅院，大张法席。《华严经》偈云：心不住于身，身亦不住心，而能作佛事，自在未曾有。

八仙之一吕洞宾，曾三次参加科举考试，均不及第，生活落魄。后由汉钟离点化，遂生出尘之意。汉钟离传授给他道教的延命方术。从此以后，他便隐居终南山，勤修道法，后云游四海。有次南下，经过黄龙山的时候，发现山上紫云成盖，心想此处必有异人，于是入山寻礼，来到黄龙禅师的道场，正好赶上黄龙禅师击鼓升堂。黄龙禅师一见他，心中早已知晓此人便是大名鼎鼎的吕洞宾，为使他修行更进一步，于是便厉声说道：“座傍有窃法者!”吕洞宾见自己被识破了行踪，遂走出大众，黄龙问：“你是何人?”吕洞宾对禅宗有些不以为然，遂从容答道：“云水道人。”黄龙道眼明白，早已洞悉其着落处，便喝道：“云尽水枯时如何?”吕洞宾暗自一惊，无言以对，于是灵机一动，反问黄龙：“和尚，你说云尽水枯时如何？”黄龙一声大喝：“云尽水枯，黄龙出现。”吕洞宾见自己输了一回合，不肯就此罢休，再次发难：“一粒粟中藏世界，半升铛内煮山川。且道此意如何？”黄龙禅师知吕洞宾偏重谈玄说妙，而没有真正明白“大道平易”之理，于是便大声呵道：“这守尸鬼！”吕洞宾却非常自得地说道：“争奈囊有长生不死药！”黄龙禅师道：“饶经八万劫，终是落空亡。”吕洞宾一听，非常惊讶不服气，想看看黄龙禅师到底有多大的能耐，便飞剑刺向黄龙禅师。剑到了黄龙禅师的面门，再也刺不下去。吕洞宾大惊，当下掷剑施礼忏悔，并请求黄龙禅师开示禅要。黄龙禅师知其病处，反问道：“半升铛内煮山川即不问，如何是一粒粟中藏世界？”吕洞宾本来见地已臻玄境，刻意求玄，过犹不及，反成桎梏，所谓大道甚夷，人好捷径。黄龙这一问，犹如在玄妙的心中打入一根平易的木楔，一下通透到心灵深处，吕洞宾言下顿悟，遂作偈曰：“弃却瓢囊摵碎琴，如今不恋汞中金。自从一见黄龙后，始觉从前错用心。”

这则有趣的公案，讲黄龙禅师与吕祖两个人的两则故事，这其中其实还是一个道理，放弃执著，但是这话说着容易啊，想那吕祖修行之高，我们根本是望尘莫及，阳神成就，与天地同寿，这是非常高的境界，这种境界的人，仍然会执著，按照黄龙禅师的说法，执著于玄。

可见已经是多么微细的执著，依然没有破掉，没有破掉，“饶经八万劫，终是落空亡”啊，因为只要有执著，便有毁灭，这是不变的真理，当然了，只懂这个道理也是没用的，知道这叫破执著，那又怎么样，真正自己在生活当中，依然执著的要死，纠结的要命，这也是我们每一个倾慕佛道的人都面临的一个非常棘手的问题。黄龙禅师在学道的时候也体会到了这点难处，于是发出了这样的赞叹：“去除心里的糍粑谈何容易，身心总是感到不利索，滞滞碍碍，黏黏糊糊。”我们有时候看书的时候若有所得，就沾沾自喜，清清凉凉，以为得到了什么，觉得身心安宁，但是等真正境界一到，马上心便附着上去，分不清哪是哪，喜怒忧思悲恐惊一应俱全，终究还是身心分不开，般若力量不够。有志于佛道的有缘人，任重而道远啊。

所谓大道至简，这句话谁都会说，冠冕堂皇，又有几个人能做到，我们谁能在生活中潇潇洒洒、片尘不染呢。纵观我们的人生，有生有灭，终究不是恒常不变的，可是遇到生活当中的不顺心的事情，依然要苦恼、生气，永远不得清净，佛教当中形容的很贴切，叫做“火宅”，热锅上的蚂蚁啊，这种感觉真是让人无奈又无助，明明懂得这些道理，不应该执著，可是到头来都是白费，非常的矛盾，这也正是我们要克服的一点。

平常心是道，这是马祖道一禅师禅法当中很重要的一条，这个平常心，绝不是我们平时劝人所谓的心态放平，平常心处事，我们平时所说的平常心是有对待的，也就是说，是对立的平常心，遇到一件让自己怒不可遏的事情，忍，自己安慰自己，平常心，平常心，压下去，这其实还是放到了一个二元对立的世俗境界里来处事，事后回家思来想去，终究痛苦不堪，执著不放。马祖大师这里的平常心，是得道后的平常心，和凡夫心一样，又不一样，一样的地方在于，得道者的心里并不是没有妄念，依然和我们凡夫一样，但那个妄念是无住生心，这个概念前文已述。得道者明白妄念和清净心的关系，如同水与波浪的关系，无二无别，于是他的这种平常心，便又进入了生活，不是脱离生活的，也和我们看起来没什么不同，要发怒，要吃喝，要快乐，也要哭泣，但都是随缘而已，无住生心，念念众生，随众生缘，处众生中，度化十方，成就菩提，这就是大菩萨的平常心。并不是真有个什么妄念要除。至于我们凡夫，在生活当中遇到什么困惑，生起妄念，随后那个妄念便主导了你本身，这叫反客为主，你执著于他了，忘掉了你自己，这也叫无我，只不过把真我给丢掉了，留下个妄念的我，靠不住的我，起伏不定的我。你要知道，你现在执著的这个我，终究要消亡，要依靠什么才是对的，这是我们在生活中应该且行且思考的，是个大问题，关乎生死。不要以为生死问题离我们很远，其实生死就在当下一念，一念地狱，一念西方，你连自己都靠不住，还能把握什么呢？

生活当中，千万不要过分埋头于生活的琐碎细节当中不能自拔，当你在为某事愤怒，为某事魂不守舍的时候，我们人生当中最重要的事情，生死大事，却无时无刻不在逼近着你，用现在一句流行的话来形容，“它在那里，不悲不喜”，非常贴切，不悲不喜，就那么静静地跟着你，而你却喧宾夺主，不知回头一望，无常逼迫，我们是多么的可怜啊。生死事大，缘何自欺！希望大家看到这些文字，能够有一点体悟，能够静下心来，听听生命的钟声。

东林送客处，月出白猿啼。

笑别庐山远，何烦过虎溪。

——李白《别东林寺僧》

道不属修，修成还坏

当缘分离开我们的时候，我们也不必执著，坦坦荡荡的人生才是我们应该经历的。敢爱，敢恨，敢失去！

一天马祖升堂，对众徒说："你们要自信自心是佛，此心即是佛心。达摩大师不远万里从南天竺来中国，传最上乘的明心之法，目的就是要你们开悟。达摩老祖外以法衣表信，内以《楞伽经》印心。为什么要以《楞伽经》印心？这是怕你们这些人颠倒，不能自知此心即是佛，不明此心各自都有。《楞伽经》千言万语，说个什么呢？佛语心为宗，无门为法门。求法的人应无所求。心外无佛，佛外无心。所谓的善并不足以追取，所谓的恶也不足以舍弃，这都是偏执的一边之见。无善无恶，不思善也不思恶就是净秽双遣，真俗不二。欲界、色界、无色界本不实存，全由心生，心是万物的根本。森森万象，品物流杂，都是一法所派出。凡是所见的现象，都是心，见象就是见心。心不是空洞的，它因现象而展现。你们说法论道，只须随事而变，事也好，理也罢，都要无所挂碍，无所黏滞。修证菩提道果，也是如此。心所生的，就是色，色就是空。知色是空，生即不生。若了此意，方可谓之随时流转。穿衣吃饭，都是养育圣胎。任运随时，此外还有什么事？”马祖又随口念了首偈子：

“心地随时说，菩提亦只宁。
事理俱无碍，当生即不生。”

这里插一句，先介绍一下禅宗的经典，也就是前述达摩祖师用来印心的四卷《楞伽经》，其所记述的是佛祖释迦牟尼在楞伽山顶向弟子大慧解说一切唯心、万法唯识道理的经典。讲经地在锡兰岛（今斯里兰卡）。山名楞伽，楞伽为一种宝贝的名称，又有不可到、不可入之义。佛在这里讲述大经，以表示正法的珍贵。禅宗初祖菩提达摩西来传法，即以《楞伽经》为印心法宝。大慧菩萨在本经中就曾向佛祖问过“宗通”和“说通”的问题。佛祖说：宗通即是自悟所达的自证自觉实相，所谓的说通，即从经典中学到的他人证悟的境界，也就是

“教”。所以禅宗虽倡扬“明心见性”的宗说，也重视经典之教。

禅宗重视经典的作用，正好与其特殊的教育法可以互补，相互补充，如果单单重视经典，可能会造成学佛者的执著，执著文字，在文字游戏的海洋里无法自拔，以至于忽视了内心的修养。如果抛弃经典，只讲究应机顿悟的话，也必然会流于放荡，可见禅宗祖师大德们的智慧与慈悲。在后来禅宗的传播过程当中，也确实出现了不重视经典、流于放荡的禅宗教育法，比如有的所谓禅师，在授徒的过程当中除了打就是打，显然违背了禅宗的宗旨，成了一种死板的以赢利为目的的培训班了，在南怀瑾先生为其徒弟金满慈女士所批示的《参禅日记》中，特别指出了禅宗发展到后来的这种流弊。

六祖之前，禅宗以《楞伽经》印心。经中有“佛语，心第一”的话，所以禅宗被称为心宗。在达摩度二祖、二祖度三祖时，都有“安心”的故事。所谓的安心，即与注重《楞伽经》有直接的关系。“安心”是自初祖至四祖禅法的重要特征。但随着时间发展，楞伽经师们不免穿凿附会，支解经义，从四祖道信开始，就改变单纯以《楞伽经》印心的做法，也用《金刚经》《法华经》《维摩诘经》等法典。到六祖就开始正式用《金刚经》为印心的教典了。禅法的纲领也由“安心”变为

"无住"，即用《金刚经》的"无所住而生其心"为入道的要诀，方法更加切实具体。其实六祖改宗门经典为《金刚经》，其宗旨并不与《楞伽经》矛盾，禅宗祖师大德们根据时代的不同所作出的调整，也是在适应每个时代的特色，所谓与时俱进，经典变了，教育方法变了，但是其核心的内容是不变的，就是强调般若的力量，智慧的解脱。直指人心的力量。一种文化要想发展下去，一定要秉持这样的宗旨，在保持内核不变的同时，要注意同时代接轨，不能保守，但也不能过分冒进，要符合中道，这才是一种文化发展下去要注意的要点。如果对文化保守，内核与表现形式都不变，必然造成无法与时代接轨，被历史所淘汰，导致一种文化的死亡。穷则变，变则通。但是如果过分追求文化的彻底改变，也必将造成一个民族的核心价值观的缺失，一个民族的核心文化，是一个民族的灵魂。具体怎么做才能合乎中道，利益众生，这是值得我们深思的问题。

马祖道一讲的这一席话中"佛语心为宗"，很明显即"佛语，心第一"的翻版。但区别是，"佛语心为宗"确证的是六祖以来的"无住"法门。换言之，是在以《楞伽经》解《金刚经》无住法。由此也可以看出，道一禅师也是一位研习佛典的人物。马祖的这一席话，中心是一个"信"字，信什么？信自心，信自家佛性。

"恐汝颠倒，不自信此心之法"，是直说大义的用心良苦处。在这里我们仍可看到六祖禅法朴素的遗风，这也正是这位禅宗大师开宗立统的成功之处。与后世禅师用棒用喝强横粗蛮相比，马祖的方法更加朴素，他对信徒自信心的热切的鼓舞，要比堵截式的棒喝更能提高士气，具有更普遍的推助力。三祖僧璨曾作影响深远的《信心铭》，马祖此处的苦口婆心，就是同一种古道热肠了。

马祖讲过这一番大道后，有和尚出来质疑，说："和尚凭什么说心即是佛？"老师讲完，学生不服的出来辩驳，这是佛家的习惯和风气。这是一种平等关系，师的尊严不在面子上，而在道上。这种朴素实在的教育风气在当时是普遍的，无论是儒家、道家还是佛家，这种以"道"为尊的师生关系是推动当时文化发展繁荣的重要动力，尤其值得我们现世人们的学习，如今所谓大师大多以名气取胜，公众也只认名，只要有名，便趋之若鹜。南怀瑾先生曾提出"明师"与"名师"之论，这个看似调侃的评论，实则道出了一种无奈的情感。

马祖回答："我说这句话，是为止小儿啼哭。小孩子哭闹时，大人总要拿点什么哄他止哭，即心即佛的话头也是在哄你们不哭。"

"那小儿不哭时又怎样？"僧问。

"非心非佛。"马祖答。

“非心非佛”和“即心即佛”二者是对立统一的，这就来到了本节的重点，即心即佛是教育法，不知道大家是否记得前文举过的一个公案，叫做“一指禅”，马祖这里的即心即佛，就是那跟手指，是方法，是通往佛道的方法，但这并不意味着执著，从凡夫到圣者的过程当中，这是必经之路，你必须有一个方法来皈依，世尊当年睹明星悟道，体悟到了缘起性空之理，这是个果，可是我们却倒果为因，道理上知道的比谁都多，遇到事情却比谁都执著，这就是缺乏气质上的转变，即心即佛与非心非佛二者之间便是这种关系。小孩在啼哭的时候，给他一块糖，他便止住了哭声，这块糖就是佛法，虽是佛法，但又不是究竟之道，只是引你入道的一个法门，所谓方便法门，糖能止哭便给糖，钱能止哭便给钱，止哭之后，便是无心无佛，《金刚经》中佛说“知我说法如筏喻者，法尚应舍，何况非法”，佛法就是船、指头、止小儿啼的糖果，真正到达般若彼岸的时候，你难道还要背着船上岸继续走吗，显然是不可能的，多此一举。

一僧曾经问马祖大师如何修道，大师说：“道不属修，若言修得，修成还坏，即同声闻。若言不修，即同凡夫。”真有个道可修吗，又有又没有，若是有个道可修，便是落入了边见，有道可成，便是不可靠的，有成就有灭，修它有什么用，但是不修还不行，若是不修，你就无法用这个工具来打开内心，打不开，你便还是凡夫，凡夫与圣者本是一体两面，悟道之后，圣凡一体，未悟道时，便是两物。关键还是叫你不执著，修到一定境界，连佛法都要舍弃，否则终究脱离不了成住坏灭。

反观我们的生活，与修道是一个道理，随着人生阅历的增加，我们背负了越来越多的东西，执著的本性促使我们无法放下这些背负着的东西，越来越重，人生路上的步伐越来越沉重，基督教宗教改革家马丁路德说的好，我们的人生，只是客旅世间，咱们本来是世间的客人，切莫反客为主，执著主人家的奢华物品，执著而又终究又无法得到，何必执著它们呢，凡是来到我们面前的缘分，我们都报以欣赏的目光，珍惜这一点一滴。无论善缘恶缘，终究伤害不了你的清净内心的一分一毫，何不坦然面对，随缘处事。当缘分离开我们的时候，我们也不必执著，执著只会为自己带来痛苦，坦坦荡荡的人生才是我们应该经历的。敢爱，敢恨，敢失去！

传灯无白日，布地有黄金。

休作狂歌老，回看不住心。

——杜甫《望牛头寺》

无造作，无是非

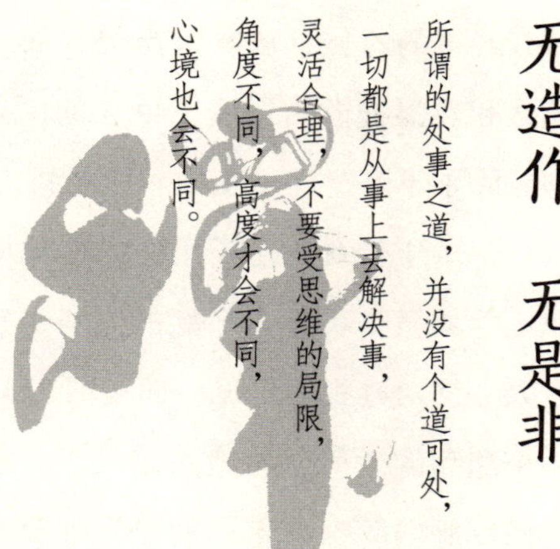

所谓的处事之道，并没有个道可处，一切都是从事上去解决事，灵活合理，不要受思维的局限，角度不同，高度才会不同，心境也会不同。

大家先来看一个故事。

前几日，与好友在外吃饭，落座后，发现正对我视线的是门口站立的一位迎宾小姐。看得出，这是个外地姑娘，二十出头，高高的个子，身着与其他饭店迎宾员无异的旗袍，每有顾客光临或离去，她总会微笑着说“欢迎光临”或“请慢走”之类的话。大概是食客们对迎宾小姐早已司空见惯的缘故，他们要么只顾着和身边的人攀谈，要么就匆匆走过，几乎没有人注意到她的存在。而这个外地姑娘似乎也习惯了人们的冷落，在没有顾客经过的时候，就收起微笑，面无表情地站着。她的漠然和热闹的饭店形成了巨大的反差，但是，没人注意到，除了不经意间坐在她对面的我。

一个年轻女孩走了出去，外地姑娘的脸上又露出了职业性的微笑。但出乎她的意料，年轻女孩没有像其他客人一样对她视而不见，而是回过头回应了她一个微笑，一个甜甜的微笑。外地姑娘愣了一下，但很快，笑意重新回到她的脸上。不同的是，那笑是如此由衷，如此生动。年轻女孩已走远，但外地姑娘的笑却依然灿烂。

原来，一个微笑就足以温暖一颗心。

目睹这一切，我不禁想起发生在自己身上的一件小事：每天下楼，都会碰上一位小姐，她是楼下新搬来的住户。我很想跟她打招呼，但又怕她不理我，自讨没趣。一天，我下定决心打破沉默，可她板着脸；一股冷冰冰的模样，我又犹豫了。思忖半天，终于硬着头皮对她微笑着点了点头，岂料，她马上回应了。后来我知道，其实她也很想认识我，只是怕我拒绝她罢了。

原来，一个微笑就可以拉近两颗心的距离。

微笑，蕴涵着丰富的含义，传递着动人的情感。怪不得有位哲人曾说：微笑是人类最美的表情。

生活中的你，是否也曾从别人的微笑中感受到尊重、肯定、接纳、关怀、友善……又是否将这种温暖传递下去呢？不要吝惜你的微笑，因为，也许不经意间你已扫除对方心中的阴霾；不要吝惜你的微笑，因为，消除人与人之间的隔膜，也许就只一个微笑那么简单。

以上这则温暖的小故事，很好地诠释了今天的主题，大家不要以为学佛就是什么神秘的事情，学佛的人都很死板，这都是刻板印象，也是现在学佛人的一个误区，用南怀瑾先生的话讲，那一身的佛气，满口的佛语，是很讨厌的。要学佛，就要先学会微笑，发自内心的微笑，这微笑要从内心涌现出来，没有造作，没有是非。在诸佛菩萨像中，把这个微笑的法门诠释的最好的，当属弥勒佛了，那大肚弥勒，见着谁都那么喜兴，笑呵呵的，每个人看到这座佛像的时候，周围的气氛马上就暖融融起来，所谓涣然若冰之将释，冰要消融的最初的那一念心，就是发自内心的温暖，那种温暖，体现在外，就是微笑，沁人心脾。

不知道大家有没有注意过孩子的眼睛，看孩子的眼神，是一种享受，清澈，应该说没有任何善意与恶意的意思，没有悲，没有喜，像一弯清澈的泉水，没有波澜，静静的。孩子的哭与笑，也总是涌自内心，没有任何的造作。但是随着孩子慢慢成长为大人，经历了社会上的种种后，那一份如同道一般清澈的心，便被遮蔽，这是很悲哀的，也是很无奈的，因为受伤受怕了，不如把心藏起来，不让它再见天日，因此，人与人之间有了更多的隔阂，人与人之间的互动，如同台上的演员一般，更多的是服从剧本，再不会把内心拿出来感触这个世界了。如同故事当中，迎宾的那位外地女孩子，以前那种服务性的微笑，则完全是造作而生，与内心毫不相干，互相剥离。下面作者与他那位邻居之间的互相防卫的心理，也是一种加在真心之上的造作之念。其实作者根本没有必要来担心他的微笑会被人拒绝，中国有句俗话，叫做“伸手不打笑脸人”，更何况，如果你用发自真心的微笑来对待对方，即使对方的心如同冰一样寒冷，也会被你的微笑所温暖，其实温暖他的并不是你的微笑，而是你的真心，那是一种磁场，一种感染，无法用语言表达，我相信大家都有这样的体验。说到这里，不得不提一则公案，是雪峰禅师与岩头禅师的禅宗公案，看看这些悟道大师们的无造作、无是非是什么。

雪峰禅师和岩头禅师同行至湖南鳌山时，遇雪不能前进。岩头整天不是闲散，便是睡觉。雪峰总是坐禅，他责备岩头不该只管睡觉，岩头责备他不该每天只管坐禅。雪峰指着自己的胸口说：“我这里还不够稳定，怎敢自欺欺人呢?”

岩头很是惊奇，两眼一直注视着雪峰。

雪峰道：“实在说，参禅以来，我一直心有未安啊!”

岩头禅师觉得机缘成熟，就慈悲地指导道：“果真如此，你把所见的一一告诉我。对的，我为你印证；不对的，我替你破除！”

雪峰就把自己修行的经过说了一遍。岩头听了雪峰的话后，便喝道：“你没有听说过吗？从门入者不是家珍。”

雪峰便说：“我以后该怎么办呢？”

岩头禅师又再放低声音道：“假如你宣扬大教的话，一切言行，必须都要从自己胸中流出，要能顶天立地而行。”

雪峰闻言，当即彻悟。

“从门入者不是家珍”，是岩头禅师的当头棒喝，一下子要破掉雪峰禅师的执著，从前的修行一直在执著之中，这一下，把雪峰禅师打蒙了，以前学的什么都没有了，脑子一片空白，不知道自己该怎么办，这时候就是契机，从这里契合进去，就是悟道。我们大家都有这样的体验，就是在思考一件复杂的事情时，冥思苦想而不得，想啊想啊，想得非常痛苦，这和修道一样，其实这个时候已经在执著了，而且越执著越厉害，身在山中不见全景，一叶障目不见泰山，钻牛角尖了，但是自己还不知道，以为在思考，但是就在这个时候，也许你周围人的一句看似不相干的话，一下把你打蒙了，通了，一下子豁然开朗，脑中的逻辑看似乱了，其实是清晰了，《道德经》中所谓“为学日益，为道日损，损之又损，以至于无为”。损的是什么，就是这个。当雪峰禅师不知如何是好的时候，这个时候性光其实已经放了出来，但是他自己还不知道，岩头禅师言下契入，一下点透，你还问个什么，现在的你已经知道该怎么办了，直抒胸臆就是了，这时候已经无造作、无是非。于是雪峰禅师顿悟。

在生活当中的我们，每当遇到难以解决的问题而陷入思考之时，当思考到一定的程度，觉得难以进行下去的时候，千万不要钻牛角尖，因为这时候你已经迷惑了，陷入了深深的执著当中，但是也正是在这时候，是最容易想通的时候，看怎么去引导。每当到这个时候，你不妨什么也别想，休息一下，出去散散步，和朋友聊聊天，这样你的思维会被不经意间点破，从另一个角度来解决你所困惑的问题，从而打破你原来的思维。在生活当中，无造作、无是非并不是让你当傻子，也不是让你当没有原则的人，而是要让你处事灵活，禅宗“不立文字，教外别传”的这一传统从文字上理解，也是在告诉大家处事之道，所谓的处事之道，并没有个道可处，一切都是从事上去解决事，灵活合理，不要受思维的局限，学会在适当的时候从不同的角度来看问题，角度不同，高度才会不同，心境也会不同。人生活个什么，就是活个心镜，你的生活毕竟只是在你自己的视野里，在你自己的世界中，学会用心去改变这个世界，而不要让你自己的世界来折磨你的心。学会这点，你才会快乐，才会无忧。希望大家能有所体悟。

空山不见人，但闻人语响。
返景入深林，复照青苔上。

——王维《鹿柴》

饥来吃饭，困来即眠

日常的行住坐卧、见闻觉知，都是本心的流露；随顺自然的平常行为，既是禅修的方法，也是禅修的境界。

中国禅宗自六祖惠能大师之后，便遵循“但行直心、不着法相”的禅修之路，日益将禅的意味渗透到日常生活之中，形成了一种随缘任运的态度。

禅之一道强调本心并非空洞虚无，日常的行住坐卧、见闻觉知都是本心的流露、表现和作用。随顺自然的平常行为，既是禅修的方法，也是禅修的境界。即使在吃饭睡觉这样的生活细节当中，也依旧能体现出修行的道理、佛性的光辉。

有一段慧海禅师与弟子的问答，故事虽小却能展现禅宗立足生活又在生活中体悟的这种特质，非常值得我们这些同样是在生活当中立身处世的凡夫来借鉴学习。

有个弟子问慧海禅师道：“师父，你到底有什么与众不同的地方，能够活得如此潇洒自在呢?”

慧海回答说：“也没什么。如果说一定要有，那我与众不同的地方就是困了就睡觉，饿了就吃饭。”

弟子大吃一惊反问道：“这算什么与众不同？每个人都这样子的呀。”

慧海听了呵呵一笑，说：“我吃饭的时候就是吃饭，什么其他的也不想，吃得安心舒坦。睡觉的时候就睡觉，所以也从来不做恶梦，睡得轻松自在。”

老禅师顿了一下，接着说道：“而世间的芸芸众生，吃饭睡觉的时候也不闲着，算计别人也防备别人，食不甘味，睡不沉稳。这样一来，吃饭不是吃饭，睡觉不是睡觉，又怎么会每个人都一样呢?”

弟子听了大有感悟，说：“如此看来，我们平常做事，还是要多多保留一分平常心，用心去感受这个世界啊!”

“嗯，有些意思，”老禅师高兴地说：“你能够拥有平常心，就说明你开始入门了。等你能做到不留平常心，无所住而生其心，那才是真正悟道了。”

惠能大师之后的禅宗，是把禅从玄之又玄的高深境地拉回了衣食住行的普通生活当中，打通了禅与生活之间的界限，将禅含于生活，将生活蕴于禅意，使得佛教修行变得通俗化、生活化。佛教禅修再不是不食人间烟火的空寂苦修，禅修离不开衣食住行，有出有入的不是禅定，无有出入、任运自在的才是真正的禅定。在生活当中省察自己的念头，在生活当中磨炼心志。这并不是否定了从前的禅宗修行，而是推之广之，将禅修普及到日常生活，人人皆可修行，对禅宗发展来说可是大有助益，这也印证了佛陀说“众生悉有佛性，人人皆可成佛”的道理。不单是禅修，任何一门学问，如果没有立足于生活，那么它也必将是没有生命力的，是干枯的。

既然在饥饭困眠中说禅，那我们就仔细说说饮食与睡眠，毕竟这是人生的大事。我们生而为人，与这两样可谓息息相关，这两样做得好，我们的生命才有活力，这两样不安，身体就不安，身体可是一切的前提，没有身体的支持，我们所讨论的一切种种也就都成了空谈。

因其重要，禅宗公案有之，儒家经典《中庸》也有专门提及，所谓“人莫不饮食也，鲜能知味也”。这句话似是在说饮食，又不完全在说饮食，这是借饮食而喻道，人们平时都在吃吃喝喝，却很少有能体会到真正的味道的，这便是对“道”这个东西的描述，隐约明白又实在难懂。与饥来吃饭，困来即眠有同样的韵味。

这话当然不是说人们每天吃饭却不知道饭的味道，而是我们在吃饭的时候，往往从饭菜本身来求饭菜的味道，并没有与我们的心境相通，真正的美食家，他们在吃东西的时候都是在用心品尝和体会，“品”就是咂摸，咂摸味道，咂摸意境，咂摸意未尽之处，一字传神，而后又“体”，设身处地，身临其境，“尝出”味道，“尝出”厨师做饭时的心情。而我们对生活又岂不是如此，慢慢品味，慢慢体会，这一切本就是相同的，人与人之间，人与社会、自然界之间，都是贯通的，这个是实在的，不会因为我们自身的分别心而被否定。我国传统文化中天人感应的思想自有其伟大精髓之处，不可以糟粕盖而论之。科学只是一种范畴或者是一种态度，它并不代表全部的自然。我们可以也应该本着科学严谨的态度和方法去探索自然和未知，但不可将科学泛化为主义，秉持一把科学主义之剑来削砍世界，那样科学就被我们异化了，没有在它合适的位置上便无法发挥其应有的价值。庄子说过，人的生命是有限的，要知道的东西是无限的，用有限的生命来追求无限的东西，是不可能的。西方科学是向外探求，传统文化是向内探求，各自形成自己的理论和系统，在各自的角度上孜孜不倦地进行着人类对宇宙奥秘的摸索探求。

“人莫不饮食，鲜能知味”，《论语》中有一句倒是能点破这“知味”，“饭疏食饮水，曲肱而枕之，乐亦在其中矣”。假若我们能达到仁的境界，心中充满与道合一的快乐，即使是很简单的饭菜，也能体会出其中微细的美好。修行越高的人，饮食越是清淡，因为这些味道对于他来讲，已经很好了，恬淡舒适，吃饭的时候也感受着那种快乐，这些清淡的饭菜在他们的口中，就如同我们在品尝山珍海味一样，虽说各得其乐，可境界显然不同。现代人生活富裕，物质条件越来越丰富，为贪图享受而穷奢极欲，自以为享尽世间荣华，实则是可怜之极，他们不知道自己的身体心理都出了很大的问题，饭菜的味道越来越厚重，那是因为清淡的口味已经无法满足他们对于刺激的追求。这就是末法众生，就是在堕落啊，很是可怜，可是又没有办法，这个病，那个痛，一起找上门来，业力很重。

当你的心真的静下来，你会发现你的一切感知能力都变得非常的清晰，清淡的饭菜，也是非常的可口，身心舒畅。到如今，这种恬淡的生活反而是我们无法安享的，因为它太过寡淡，没有味道，果真是“鲜能知味”啊，佛教里所谓“暇满之身难得”真的不是虚言，“难得”，纵得而难享，都令人唏嘘嗟叹。

饥来吃饭，困来即眠，简单而亲切。可现代社会竞争激烈，压力的确很大，容不得我们的简单生活，而我们凡夫的心，生来便是向外逐，把自己的精力不断地洒向外面，难过、沮丧、痛苦，各种消极的情绪整日不断地萦绕在我们周围，占领着我们的思绪。吃饭的时候，想着单位不顺心的事，这个是，那个非，边吃饭边运气，时间一久，肠胃自然闹革命了，为什么现在得胃病的人这么多，不专心吃饭，不好好吃饭，吃饭的时候生气，生气的时候吃饭，也不知道他知不知道自己在吃饭，这时候的饮食，从艺术变成了最基本的生理需要，完全没有了价值。睡觉的时候也是，躺下以后两眼一闭，全是无明，杂念纷飞，一天遇到什么事，这个事我对，他错，那个事他惹到了我，你说你累不累。自己跟自己较劲，最后索性睡不着，这样的睡眠质量如何能支撑健康的身体。

也许会有人嘲笑我站着说话不腰疼，这些事是没落到我头上，说这些不疼不痒的话，遇上的话也就不这么说了。确实，我在遇到不顺心的事情的时候，也会反复地想，运气，饭吃不好，觉睡不好，我也是凡夫，身上的习气也很重。但是我知道这个道理，知道这个方法，每当烦恼缠绕的时候，就尽量如理思维，习气是要慢慢熏习来改变的，不是说没就没的，这不是一朝一夕的工夫。所以我的目的是提醒大家什么是修心养性的正途，希望大家从现在开始也能一点一点地去学习和改变，慢慢地将这些道理消化并融入到自己的生活当中。

尽量做到一种境界，就是事情来的时候，当下就去完成，该怒则怒，该喜则喜，但是，当这件事情过去以后，心中不留一丝涟漪，上一小时的事情绝对不能影响下一小时的心境，吃饭的时候就认真吃饭，细嚼慢咽，体会其中的滋味，心中不起乱七八糟的念头，睡觉的时候就好好睡，为什么要拿不顺心的事情来惩罚自己呢，事情都已经过去，任你怎么想也改变不了，何必呢，不如自己换一种心境来生活。如果实在要想，我告诉你一个方法，睡觉之前静坐一会，盘膝静坐，思想关注着自己的呼吸，任你有多少波涛汹涌的念头，也能慢慢地熄下去。因为这些妄念都是没有根的，你不理它，慢慢它自己就静下来了，能长期坚持最好，就为健康，不为别的，这么静坐一会，念头静下来以后，就非常有利于睡眠，同时也能锻炼你的注意力，很有好处。

希望这段文字能带给烦恼中的人一点清明，能真正的受益其中，时间久了你就会觉察到自己的变化，身体好了，心境也好了，周围的一切也都随之变得温和，暖融融一片。

人闲桂花落，夜静春山空。

月出惊山鸟，时鸣春涧中。

——王维《鸟鸣涧》

现成

云门文偃的云门宗

早朝牵犁，晚间拽把

但行好事，莫问前程。
真心的对待周围的每一个人。
真诚的付出，就是善的积累。

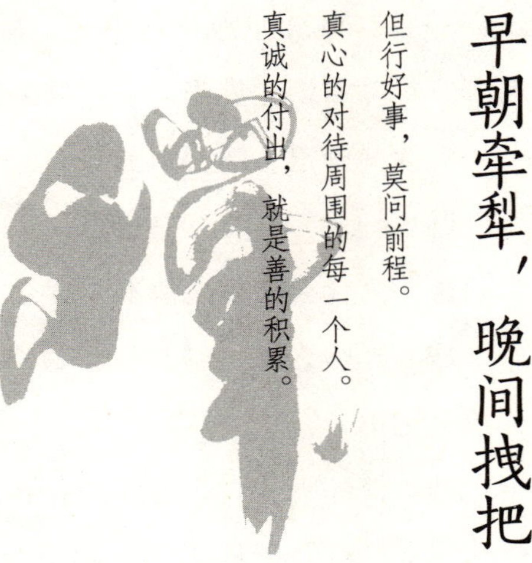

有一位管刑法的官员陈君，年老辞职还乡，为信佛因缘，途中参访法演禅师，问道：“如何才能认识自己的本来面目?”

法演禅师是有道高僧，但解释问题时却用艳诗回答道：“频呼小玉原无事，只要檀郎认得声。此中事不知长官会得吗?”

陈君应声道：“会得!”

法演禅师问道：“会得声？会得意?”

刑官陈君不能答。

一日，圆悟禅师自外返寺，问道：“听说老师用艳诗和官员陈君谈论佛法，不知他会得吗?”

法演禅师道：“他只认得声，不能会得意!”

圆悟禅师道：“诗中意思，只要檀郎认得声，他既认得声，为什么又要说他不能会意?”

法演禅师答道：“如何是祖师西来意？庭前柏树子！你道会也不会?”

圆悟禅师听后，心有所悟，作礼退出时，忽见一只公鸡飞上栏杆，鼓翅鸣叫，圆悟自语说道：“此亦不是声。”遂再回法演禅师丈室，以诗偈呈明心得道：“金鸡香锁锦绣帏，笙歌丛里辞扶归；少年一段风流事，只许佳人独自知。”

法演禅师听后，大喜道：“此佛祖大事，非小根器所能造诣，我为你欢喜。”

这首古人的艳诗，从字面上看，目的只是求认得声音，但诗的含义，却不是以认声为足，这是要闻声的人，能体会发声的人呼叫小玉的本心，由认声而能通达心源深处，由认声而能彼此两心相结。既是两心相结，那就无声胜有声了。

六祖惠能大师以后的禅宗，其教育方法就是如此，以生活当中常做常见的事情，以非常平常的状态来做教育法，教化大众，使众生开悟，这也是禅宗走向普罗大众的一个趋势，佛法确实高深，但也本不该那样的高深，因为我们凡夫众生，终究还是在生活当中立身处世的，谁也走不出这个社会，因此我们必须坚强勇敢地直面所发生的一切，在这些事情中来体悟佛法，炼心，最终达到心的解脱。烦恼即是菩提，烦恼就是我们的生活，人其实从本质上来说是无，是这些烦恼赋予了我们人的属性，我们离不开烦恼，但又想离开烦恼，这就造成了我们的痛苦，业力一开始，便没有终结。而佛教则告诉我们真理，我们拿着这个真理，从而慢慢地改变我们的习气，慢慢改变我们的现状，既然有机缘听闻到了佛法，就要用这把利剑，斩断我们的烦恼，用这杆扫帚，扫掉我们内心的尘垢。这时，我们便不再随波逐流，而知道了自己存在的意义，当人生有了一个终极的目标，便不再茫然，不再迷惑，心也定了下来。

说到这里，想起佛陀住世时期，他与其弟子周利盘陀伽尊者的故事，从这则故事中，我们可以看到中国禅宗的教育法，并不是我们独有的文化，在佛陀在世的时候，从它的教育法中，也可以看到这样的植根于生活中、随缘度化的例子。

释迦牟尼佛有一位名叫周利盘陀伽的弟子，大家公认他资质鲁钝，无法成道。他不仅时常受人嘲笑，还曾被僧众摒出僧团。

佛陀知道后，给他一把扫帚，吩咐他每天打扫精舍，并口念“扫除尘垢”。周利盘陀伽虽然生性愚钝，但他懂得遵循师父的教诲，能够虔心奉行。一把扫帚，一句口诀。心无杂念，一路扫来，从不间断。终于在扫洒应对中悟门顿开，道业有成。

释尊告诫周利盘陀伽：“要守口如瓶，不要表露自己的意思，不要去做不该做的事，学做一个呆子，如果你确实能记住这一点，就会有所进步。”

盘陀伽很认真地工作，按照佛陀的交待，恭敬虔诚地扫地。而且，他将佛陀教给他的几个字背熟以后，仿佛压抑不住地开始更深一步地探究它的意义。寺院的灰尘无穷无尽，他的觉观却在心灵深处绽放。

“佛陀说的尘、垢的意思是指外在的尘垢呢，还是内在的尘垢？”他沉思，“什么是外在的尘垢？什么是内在的染污？我的业障在哪儿？”以这种方法，这位最愚笨的扫庙僧不知不觉地在他的日常杂务中进行禅修。

有一天，盘陀伽静静地在扫庙的同时自我观照，他似乎依稀感觉到，佛陀所开示的一个偈颂很自然地在宁静的内心中升起。实际上那些句子佛陀何时说过，他根本就不可能记得，更别说要背熟它：

尘是执著，而非泥尘，智者弃之；

垢是嗔恨，而非泥垢，智者弃之；

尘垢是无明，此外无他；

智者清除此污垢与障碍，

即得解脱。

因为这瞬间浮现的偈颂，盘陀伽顿悟到，执著、嗔和痴这三毒是轮回的根本！他打破了自我的幻象和一切迷惑的根本。在场的人们惊讶地看到，愚笨的盘陀伽放声呼叫："看见了，我清楚地看见了！敬礼世尊！"他终于透视幻象而证得开悟。

精进禅修许多年后，盘陀伽成为十六罗汉之一，广为弘扬佛陀的教法。每个人都很惊异，僧人中最笨的比丘竟能达到如此崇高的心灵成就。这就是在生活的扫洒应对当中来体悟智慧的最好典范，也是禅宗教育法的奥妙所在，于烦恼中寻找解脱，从绝望中寻找希望。真正的智慧不是高高在上的，反而是最平淡，离我们最近的，人人心中都有一座宝藏，可是我们作为寻宝人，却总是空手而归，抱怨自己的贫穷。

这些年来，我也一直在追求心里的安稳，不知道大家有没有这样的感受，某一时刻，会有一种极大的恐惧感生起，似乎那一刻，心都在颤抖，无助孤独的感觉油然而生。道理虽然都明白，遇到那一刻，仍然此心难安，可见智慧之难得，坚定之难得，欲渐行渐远，却又想回头是岸，难啊。希望大家能从上面的公案故事中得到一些启示，咱们共同坚持，共勉。下面咱们一起来看个故事吧，这个故事以第一人称视角，向我们讲述了生活当中心灵安稳的那一刻的样子。

我的一个朋友无意中跟我讲了这样一件事：

今年春节快要到来的时候，她通过中介找了一个下岗女工为家里打扫卫生，这个下岗女工很尽心，又擦又抹，楼上楼下整整忙了两天，所有边边角角都清扫到了，我的朋友很满意，主动给了一百元，这个下岗女工却说什么也不肯收这么多，两人在客厅推了半天，对方才收下七十元。这个下岗女工离去片刻，又骑自行车返回，敲开我的朋友的家门，再次硬留下十元，说：“我觉得自己收得还是多了，路上想想，心里不安！”

朋友说她当时感动得愣在那里，看着这个下岗女工匆匆离去的身影，竟不知说什么是好。

听到这个故事，我也很感动。而且我相信，像她那样的下岗女工，我身边川流不息的人群中一定还有很多。

劳动所得，劳动所值，即使多收下那么一点，怎么就会心里不安到那种地步呢？我以为真正需要心里不安的，不应该是这样的下岗女工，而是另外一些人。那些人利用手中的权力，不劳而获，多得了几十万、几百万甚至上千万，他们可能都不会“不安”……不记下这位下岗女工，我的心里同样不安。

但行好事，莫问前程。真心的对待周围的每一个人，每一个爱你的，甚至伤害你的人，都要用一颗温暖真诚的心来对待，相信我，真诚的付出，就是善的积累，善的积累，能让你的心温暖起来，体悟生活，用心生活，勇敢地拿真心来面对世界，迎接阳光。否则，你的心被遮蔽久了，也许连你自己，也忘记了他的存在，陷入茫茫的黑暗之中，却自以为保护了自己。希望大家今生，此心能得到安稳，你我共勉！

清晨入古寺，初日照高林。
曲径通幽处，禅房花木深。
山光悦鸟性，潭影空人心。
万籁此俱寂，惟闻钟磬声。

——常建《题破山寺后禅院》

终日吃饭，未着粒米

有时候，我们明知道不要执著，却不知不觉地陷入进去。一念执著，便是堕落。

唐朝黄檗希运禅师开示说：“终日吃饭，未曾咬着一粒米；终日行，未曾踏着一片地。与么时，无人我等相，终日不离一切事，不被诸境惑，方名自在人。更时时念念不见一切相，莫认前后三际。前际无去、今际无住、后际无来。安然端坐，任运不拘，方名解脱。”

修行解脱的人内脱身心，于相离相，于念离念。离念离相并不是逃离而是即境离境，其实，就是劝我们不要执著。终日吃饭未曾咬着一粒米，虽然未曾咬着一粒米又不妨终日吃饭。广而言之，终日穿衣未曾挂着一丝褛，终日行未曾行，终日坐未曾坐，终日说法未曾说法，终日度众生未曾度众生。外表同平常人一样生活，唯内心无一丝妄想执著，这就是为什么佛陀在《金刚经》中所言，我说法这么多年，却未曾说一个字，未曾度一个人，正是此意。

在现实当中，我们总是因为一点点小事，时而沾沾自喜，时而郁郁寡欢，往往事情还未曾发生，身心便已经陷入深深的执著当中，还没吃饭，已经在想，今天吃什么，好吃还是不好吃，心随念起，当下便起了分别妄想之心。终日吃饭，未着粒米，心与境已经分开，但是又保持一个吃饭的常态，物来则应，过后不留，这就是一种常态下的定境，心若止水的生活态度，无所住而生其心的修行程度。其中无不渗透着大智慧。

当然，作为凡夫的我们，能达到这样的境界实属不易，因为我们不明白因果，当你明白了因果，你的视野便不会执著于眼前当下的事情，而是放在生生世世。当达到了这样的效果，你便不会执著，而是会释然，所以我们要好好利用今生能够有机会听闻佛法的机缘，勤加精进，想放下，就要学习，境界到了，因果先前，自然不会执著。

从前有个书生，和未婚妻约好在某年某月某日结婚。到那一天，未婚妻却嫁给了别人。书生受此打击，一病不起。家人用尽各种办法都无能为力，眼看着他奄奄一息。

这时，路过一游方僧人，得知情况，决定点化一下他。

僧人到他床前，从怀里摸出一面镜子叫书生看。

书生看到茫茫大海，一名遇害的女子一丝不挂地躺在海滩上。

路过一人，看一眼，摇摇头，走了……

又路过一人，将衣服脱下，给女尸盖上，走了……

再路过一人，过去，挖个坑，小心翼翼把尸体掩埋了……

疑惑间，画面切换。书生看到自己的未婚妻。洞房花烛，被她丈夫掀起盖头的瞬间……书生不明所以。

僧人解释道：那具海滩上的女尸，就是你未婚妻的前世，你是第二个路过的人，曾给过她一件衣服。她今生和你相恋，只为还你一个情。但是她最终要报答一生一世的人，是最后那个把她掩埋的人，那人就是她现在的丈夫。

于是，书生大悟，唰地从床上坐起，病愈！

执著便是心病，害己伤人。这则公案开示的是让大家放弃对爱情的过分执著。痴情是一种心理障碍，它堵死了心理的活动空间，使智慧丧失。当我们苦苦追求某人而未果，是否也应为对方想想，他（她）也许早就心有所属。而自己的执著只会徒然灼伤自己，妨碍别人，也毁坏了那份因朦胧而生的好感。与其如此，倒不如把这份爱深埋心底，远远地注视，悄悄地关怀，融一腔深情于沉静悠长之中，在还给别人一份宁静之余，也为自己营造了一个温馨纯洁的圣坛。并不是要达到了怎样的目的，爱才成为爱。无论怎样的爱都应该得到一份美好的结果。而刻在心底的爱，因其无私无欲，淡泊忧伤，才会升华为永恒的爱！

当然了，于其他方面，比如财富等，更是如此道理，有时候，甚至是真正精进的出家人，明白这个道理，并且切实去执行的修行人，也会遇到这个问题，那就是对“法”的执著，最终也是要舍弃的。

有这样的一个公案：蒋扬钦则仁波切在德格的时候，华智仁波切正以乞讨的方式四处云游。他有一个木碗，伴随他同甘共苦，浪迹天涯，走遍了多康的山山水水，因此，华智仁波切也十分喜爱它。当他去拜见钦则仁波切时，见到上师周围眷属云集，房间富丽堂皇，宛如宫殿，里面装满了各种金银财宝，心里想着：原来上师也很喜欢财物，这满屋的财宝他也一定很执著吧！钦则仁波切以神通照见了他的心思，便一语中的地高喝道：“华智，你不要想的太多！我对这室内室外的财宝的执著，远远不如你对你那木碗的执著！”一句话使华智仁波切心中豁然开朗，他恍然大悟：修行人并不一定要过苦行僧般的生活，最终要的是要放下执著。

这则公案很有意思，有时候，我们明知道不要执著，却不知不觉地陷入进去，不能自拔，魔随念至，相由心生。一念执著，便是堕落。可见修行之难，体悟之难。

唐朝的宣宗是一代英明君主，俯仰佛教，拥护三宝，修复旧寺，广兴佛法。

他未做皇帝之前，遭武宗猜忌，便诈死潜逃，到香严禅师门下剃发做小沙弥。

有一天，师徒二人游庐山瀑布。香严禅师吟道：“穿云透石不辞劳，地远方知出处高。”小沙弥随口续上两句：“溪涧岂能留得住，终归大海作波涛。”禅师笑道：“你这个小沙弥是做不成了，你还是要做皇帝的哟！”

后来沙弥到盐官齐安禅师那里参禅，当时黄檗希运禅师在那里做首座。沙弥见黄檗禅师拜佛，便问：“不著佛求、不著法求、不著僧示，长老礼拜，当何所求？”禅师说：“不著佛求、不著法求、不著僧求，常礼如是事。”

禅师洒脱，不作拜佛想，却是常拜。

沙弥说：“用礼何为？”此语已落断灭空，这也是著相，著了非法相。禅师打了他一掌，他嗔心一起，怨道："太粗生！"

他没在这一掌下开悟，反说禅师太粗暴了。禅师说："这里是什么所在？说粗说细！"随后又打两掌。

后来沙弥果然做了皇帝，但还没忘这个茬。黄檗禅师圆寂后，宣宗竟谥他"粗行禅师"。宰相裴休是黄檗禅师的入室弟子，知道这三掌的故事，便向皇帝上奏："三掌为陛下断三际也！"

宣宗毕竟是信佛的皇帝，于是就将黄檗禅师改谥为"断际禅师"。

"不作拜佛想，却是常拜"依然是黄檗希运禅师的教育法，与文章开头那段开示异曲同工。我们往往执著于"有"，这位皇帝执著了"空"。人们总把佛门称为"空门"，但我想，这空门之"空"，非是悟道人，岂能说得透。

在亚洲，有一种捉猴子的陷阱，他们把椰子挖空，然后用绳子绑起来，接在树上或固定在地上，椰子上留了一个小洞，洞里放了一些食物，洞口大小恰好只能让猴子空着手伸进去，而无法握着拳头伸出来，于是猴子闻香而来，将它的手伸进去抓食物，理所当然地，紧握的拳头便缩不出洞口，当猎人来时，猴子惊慌失措，更是逃不掉。

没有任何人捉住猴子不放，它是被自己的执著所俘虏，它只需将手放下。心中的欲念使我们放不下，内心的欲望与执著，使我们一直受缚，我们唯一要做的，只是将我们的双手张开，放下无谓的执著，就能逍遥自在了。

人们在灯红酒绿的世界里迷失，习惯了对名利与权势的追求，却发现心灵的深处依然空虚。为了别人的掌声而使劲地去讨好别人，为了表现自我的优越感沽名钓誉，为了虚荣强作体面。这就是无谓的执著，使自己的心灵承受着负担，失去了自由和灵性。

太虚无实可追寻，夜落松枝谩古今。
若见桃花生圣解，不疑还自有疑心。

——王安石《寓言》

日日是好日

让我们把心放在高处，
放在最先看到太阳升起的地方，
这个时候，一切都已成为琐碎，
心中那一片温暖，才是真实。

一天，哲学家率领诸弟子走到街市上，整个街市车水马龙，叫卖声不绝于耳，一派繁荣兴隆的景象。

走出一程后，哲学家问弟子：“刚才所看到的商贩中，哪个面带喜悦之色呢？”一个弟子回答道：“我经过的那个鱼肆，买鱼的人很多，主人应接不暇，脸上一直漾着笑容。”弟子的话还没说完，哲学家便摇了摇头，说：“为利欲的心虽喜却不能持久。”

哲学家率众弟子继续往前走，前面是一大片农舍，鸡鸣桑树，犬吠深巷，三三两两的农人穿梭忙碌着。哲学家打发众弟子四散了去。过了一段时间之后，哲学家又问弟子："刚才所见到的农人之中，哪个看起来更充实呢？"

一个弟子上前一步，答道："村东头有个黑脸的农民，家里养着鸡鸭牛马，坡上有几十亩地，他忙完家里的事情，又到坡上侍弄田地，一刻也不闲着，始终汗流浃背，这个农民应该是充实的。"哲学家略微沉吟了一阵子，说："来源于琐碎的充实，最后终归要迷失在琐碎当中，也不是最充实的。"

一行人继续往前走，前面是一面山坡，坡上是云彩般的羊群。一块巨石上，坐着一位形容枯槁的老者，怀里抱着一杆鞭子，正在向远方眺望。

哲学家随即止住了众弟子的脚步，说："这位老者游目骋怀，是生活的主人。"

众弟子面面相觑，心想：一个放羊的老头，可能孤独无依，食衣无着，怎么能是生活的主人呢？

哲学家看了迷惑不解的弟子，朗声道："难道你们看不到他的心灵在快乐地散步吗？"

人，作为一种智慧与烦恼相结合的生命体，其存在的形式终究还是主观的，我们都讨厌烦恼，但是却放不下烦恼的根源所带来的诱惑，烦恼的根源，在于执著。执著本身就是烦恼，可是我们凡夫不明白，随着自己的欲望生活，妄想分别执著之盛，遇到喜欢的，就抓得紧紧的，遇到不顺心的，就心生厌恶。殊不知，即使你得到了自己所爱，也依旧是烦恼本身，因为你有了执著，就必然跟随着苦恼。如果心里没有执著，痛苦自然也不会有附着的机会，这是真实不虚的，这就是所谓“心能转物”。当你有了这种修养，你就不会在意周边你所谓不好的环境与不好的人。每天对于你来说便没有吉凶之分，心的力量、意的力量就是这么强大。

佛陀住世时，有一位名叫优婆先那的比丘尼，有一次在山洞中禅坐时，忽然大声呼喊着在对面岩窟中的舍利弗尊者，当舍利弗来到她的面前时，她说道：“舍利弗尊者！我刚才坐禅的时候，身上好像有什么东西在爬，起初并没有注意，后来才看清是一条毒蛇，我被它咬了一口，我马上就会死去，趁毒气在我身上还没有回转时，请您慈悲为我召集邻近的大众，我要向他们告别！”

舍利弗听后，看看优婆先那，很疑惑地道：“怎会有这样的事？我看你的脸色一点也没有变，被蛇咬了的话，脸色一定会变的。”

优婆先那态度仍很安详地说道：“舍利弗尊者！人的身体是四大五蕴所集成的，没有主宰，本就无常，因缘所聚曰空，空无自性，我是体悟到这个道理，毒蛇可以咬我的色身，它怎么可以咬真理的空呢？”

舍利弗听后，非常赞赏优婆先那，他道：“你说得很对，你是已经得到解脱的圣者，肉体痛苦的程度，你可以用你的慧解支持着你不变的真心。人们如果要修道调心，进入不生不灭的涅槃，对于肉体的死亡，像毁去毒针，像是重病得愈。死，可以死的是色身，不是死亡真我的生命。临死不变，生死不二，这是以智能的眼光观看世相，出离火宅，实在是无限之美！”

人在生死烦恼中，有恐怖、颠倒，但人如证悟禅观，或契入空慧的时候，就能进入不惧不贪图的境界了。如优婆先那所说，毒蛇可以咬伤色身，怎能咬到空慧禅观呢？

圣者，所以生活在真善美世界，并不是一定要离开这个娑婆世界到另外一个净土，主要是空慧禅观一转，刹那是永恒，污秽是清净，烦恼是菩提，生死是涅槃了。我们凡夫众生，无论是学佛的还是不学佛的，有好多人都有这样的想法，不学佛的人，每当烦恼，就会想，真想找个地方清净清净，要真给他个清净的地方待着，他也待不了几天，心里便又依恋烦恼时的日子。一些学佛的人，想着，好好学佛，以后到另一个世界得以清净，不再来人间再受烦恼了。其实哪有个清净的地方可去，你若心里真的清净，在哪都是西方极乐世界。当你要追求一个清净的地方，那个地方本身就成为你的烦恼之一。

心净即出家，随处做道场。

有一次上堂时，妙总禅师说：“云门文偃曾对弟子说：‘十五号以前暂且不问，十五号以后的日子怎样，请每人都说一句。’没等众人回答，他自己就说：‘日日是好日。’”妙总禅师认为云门文偃把佛法和世间法都说完全了。这就是一个悟道者的心境，日日是好日，已然没有了分别心，没有了执著心，烦恼即菩提，学佛者的每一天都是阳光的，都是温暖的，都是快乐的，当然了，这种快乐与我们凡夫认为的快乐幸福是不一样的。

我们凡夫认为人生应当是让人快乐的，他们只喜欢享乐而害怕悲苦。而禅者与茶人认为人生是让人品味的，悲欢苦乐，喜怒哀愁都是人生百味，都值得去体验，去玩味。对于悲苦，禅者和茶人亦能如对喜乐一样从正面坦然接受。

凡夫的感情不过是对一时一事粗浅感受的直接表露，而禅者和茶人是从“了悟同未悟”的绝对无的境界出发，是无心感情的表露。禅者与茶人也有哀愁悲苦，但他们的苦如茶之苦，而凡人之苦如黄连之苦。

凡夫的悲喜是受外部环境影响的，是受社会上普遍存在的价值观左右的，其表面常常是做给别人看，而禅者和茶人的悲喜是其主体自身的悲喜，纯然发自内心，无须掩饰也无须造作。这样无论是处于顺境还是逆境，禅者都可以保持“日日是好日”的心境，从容地直面人生。

憨山大师说过：“荆棘丛中下脚易，明月帘下回头难。”我们在生活当中，往往只在苦难烦恼的时候，才会生起出离心，才会想到学佛等，殊不知，这并不是真正的相信，往往等我们的人生有了转机，身处顺境的时候，便早就忘了这么回事，依旧我行我素。这不是真正的信仰，也很难得到永久的快乐与身心真正的安稳。不论顺境逆境，无论在荆棘丛中还是明月帘下，都不要迷失了自己来到这个世界上的初衷。我们是来体悟烦恼、解脱痛苦，这个世界就像一个大花园，我们不要只顾着拼命的采花，要学会专注于花本身，欣赏花的娇艳，让我们的思绪放慢下来，换一个角度看这个世界，看待你所遇到的一切，你会发现，日日都是好日，事事也都是好事，人人也都是好人，让我们把心放在高处，放在最先看到太阳升起的地方，这个时候，一切都已成为琐碎，心中那一片温暖，才是真实。

溪声便是广长舌，山色岂非清净身。

夜来八万四千偈，他日如何举似人。

——苏东坡《赠东林总长老》

云门三句

只要心中有一个坚定的信念，努力地去找，总会找到帮助自己渡过难关的那『一缕阳光』。

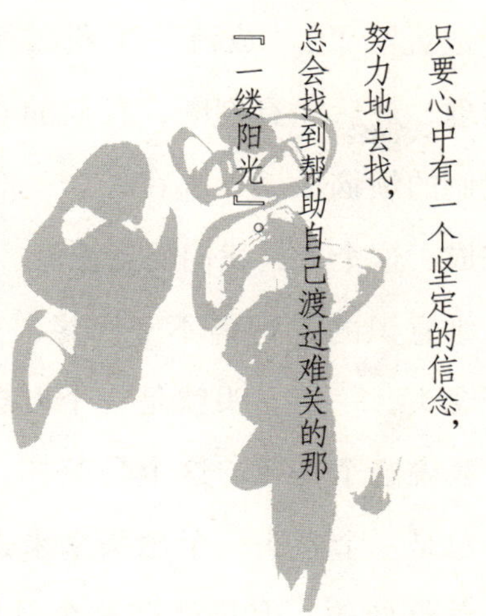

所谓云门三句，顾名思义，云门宗修禅的三个境界，也是总的纲领，也可以说，其代表着整个禅宗的三种境界。这三句话便是“涵盖乾坤，截断众流，随波逐浪”。

“涵盖乾坤”是说，我们的心性本来就是包罗万有，就是唯识宗所说的其中包含着一切种子，过去现在未来十方上下全在里面，全在我们心性之中，在当下一念之中，一切具足。但是我们不知道我们的心性就是涵盖乾坤的，因此需要“截断众流”，“截断众流”就是言语道断、心行处灭。我们的思维是由一个一个念头来的，这样就“成流”了，“成流”了我们才能认识事物、才能进行推理，最后才有判断，我们的心性活动、理性活动乃至我们的烦恼活动，都在一念一念的起伏之中，才能得以完成，这个就是我们的意识流。

思维意识的运行离不开因缘，离不开具体的东西，离不开念头，一个念头就是一个概念、一个对象、一个事相，我说这个是花、这个是茶杯、上面是天、下面是地，你总是一个念头一个念头来来去去的，我们的心本来是涵盖乾坤的，但是就被这个具体的念头束缚住了。我如果不用心，我就这样，我可以把所有的一切，把一切都收摄在我眼睛里面，我见到了全体。我虽然见到了全体，但是就每个事物而言，我是迷迷糊糊、看不清楚的。

我如果现在注意看某一事物，那个事物在我眼里清清楚楚，但其他的总体便成了模模糊糊的了。这个可以说明“万”和“一”的关系。你注意“万”，你就失“一”，你注意“一”，你就失“万”。

我们的思维如果总是在思维流之中，什么叫思维流？思维的东西，就是思维的对象。《愣严经》说：“见见之时，见非是见；见犹离见，见不能及。”我说我要见道，我要看到底是怎么回事？我要看真如自性到底是怎么回事？“哦，明白了，这就是自性，我看到了真如自性”，其实这时你看到的仍然是一个念头，那根本就不是真如自性。很多人说，“我今天悟了”，那其实还是一个念头。哪怕它是非常正确、非常光明、和佛经里面佛所说的无二无别，但仍然是一个念头，仍然是一个说法，仍然是一个境，还不是真正的那个东西。

叶真正的那个东西不可说、不可思议，既然不可思议你怎么去思议？你一思议就落入对象之中，就落入“二”中，一个有“能”一个有“所”，在能和所的对立之中，“截断众流”就是一刀子下去，或者说一棒子下去，打掉你的念头使你的思维不能成流，一下子顿悟，也可以说言外顿悟。一下子离开了思维语言，离开了思维的对象，在那种状态下“无能无所”，必须“截断众流”，必须“言语道断”。

思维就是“言语道”，烦恼和喜怒哀乐就是“心行处”。第六识是言语道，第七识是心行处，实际上心行处和言语道也是共为一体的，对一个具体的人来说，理性活动和情感活动是交织在一块儿的，很难分家。当然也有分家的时候，一个小孩子全心全意做一道数学题的时候，他还是第六识在用功。如果做不出来，一下子烦躁了，烦恼起来了，不愿意做了，这时，第七识就参合进去了，第六识的光明一下子被遮蔽了。但是不论是第六识、第七识怎么样，只要你在运动之中，有内容，就不可能悟，所以“言语道”必须要断、“心行处”必须要灭。在这么一刹那中，无因无果，没有时间、没有空间、没有主观、没有客观、没有内容，当下承担。所以说“知幻即离”，就是那么一下，所以“一念不生全体现”，你才能够知道什么叫“涵盖乾坤”。

要“涵盖乾坤”，必须“截断众流”。“言语道断”还说得客气了一点，因为我们的思维岂只成流，简直是“众流汇集”呀，一会儿想这，一会儿又想那，这儿一个念头串起来，跟着跑，莫名其妙的，这个念头刹车了，又进入另外一个轨道，到另外一个因缘中去用心了。我们总是这样，东一鄊头西一棒子，心里面东奔西忙的，所以要“截断众流”，这样做要有大丈夫的英雄气才行，要敢于这样试一试。它又不要命，又不花钱，只要你能试着这样干一干，能够把自己的念头打下去，那就给你道喜了，真正地了不得了。

过了这一关，你就可以“随波逐浪”，随顺万法，好事情好过，坏事情也好过，所以我说，一般的人在顺境中容易，在逆境之中难受，烦恼就起来了。如果一个人在逆境之中，能做到一样的欢欢喜喜，那就的确不错。但是只有见了道的人才有这样的力量，没有见道的人被烦恼、恐怖弄得团团转，就很可怕。下面看一个有趣的公案，和今天的主题很相关。

有一对夫妻，丈夫是一个儒生极其排佛，妻子却笃信佛教。丈夫听妻子终日念佛十分厌恶，怎奈无法可施。一日心生一计，在家大唤其妻名字不止，其妻厌而生怒，问儒生为何唤其名，儒生回答道：“我叫你几声你就烦了，你每天叫阿弥陀佛，他难道不觉得烦吗？”

念“阿弥陀佛”，其实并不只是借助外力来使得自己解脱，更多的是要“声声唤醒主人翁”，其实就是云门三句里的“截断众流”的阶段，佛号不断，耳听心念，收摄六根，念头不起，最终唤醒真正主宰我们的那个人。

其实念佛的本意是为了沉淀心灵，由念佛的专一而生定，由定生静，由静而生慧。有句俗话说：小和尚念经，有口无心！若是我们念佛的时候注重的只是佛菩萨的名讳，只是口中的声韵，就丧失当初原本的用心了。如果能做到：念念从心起，念佛不离心。哪在乎所念的音声大小，所称的名号多寡，都不失如来本意。

很久以前，为了开辟新的街道，伦敦拆除了许多陈旧的楼房。然而，因为种种原因。新路久久没能开工，旧楼房的废墟晾在那里，任凭日晒雨淋。

有一天，一群自然科学家来到了这里，发现在这一片废墟上，竟长出了一片野花野草。令人惊奇的是，其中有一些花草是在英国从来没有见到过的，它们通常只生长在地中海沿岸国家。这些被拆除的楼房，大多都是在古罗马人沿着泰晤士河进攻英国的时候建造的。

这些花草的种子多半就是那个时候被带到了这里的，它们被压在沉重的石头砖瓦之下，一年又一年，丧失了生长发芽的机会。而一旦见到阳光，它们就立即恢复了勃勃生机，绽开了一朵朵美丽的鲜花。

其实，人的生命也是如此。在生命的旅途中，我们所遇到的种种可能性，便是“涵盖乾坤”，同时，我们定会常常遭遇各种挫折和失败，这时，不要心灰意冷，不要轻易言败。只要心中有一个坚定的信念，努力地去找，总会找到帮助自己渡过难关的那“一缕阳光”，这便是“截断众流”。一旦有了阳光照耀，定能萌发出新的生机，绽放出新的美丽，此时才能“随波逐浪”，平静的面对人生，坦然微笑地注视一切。

骑驴觅驴真可笑，以马喻马亦成痴。

一天月色为谁好，二老风流各自知。

——苏东坡《和黄龙清老》

清净

法眼文益的法眼宗

道眼不通被眼碍

从现在开始，做一个智慧的人，当你还在执著的时候，反过来问问自己，何必抓住痛苦不放呢？

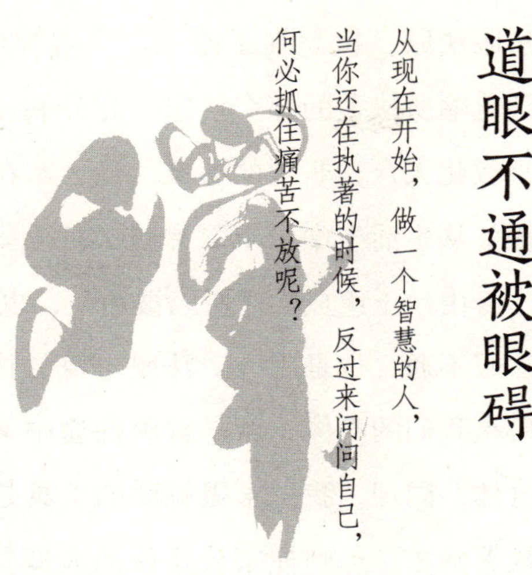

一次，法眼文益禅师打井时，井被沙子堵住了泉眼。法眼禅师问大家："泉眼不通被沙碍，道眼不通是被什么碍?"僧人们无言以对，法眼禅师只好自问自答："道眼不通，被眼碍嘛!"是自己的眼睛把自己遮住了。一叶障目不见泰山，如果你带着有色眼镜看世界，就会被有色眼镜障碍。你执著于什么，就会被什么所障碍。

这就是法眼文益大师的教育法，禅宗发展到后期，禅与生活的结合也就越明显，"法眼不通被眼碍"这一句话，仍然如同禅宗的一以贯之之道，要大家不要执著，法眼法眼，执著在了眼上，文益禅师以泉眼比喻法眼，沙比喻所执著的那个法眼，充分利用了佛教譬喻的方法来教化大众，非常的形象，让大家在当下的观察中来体悟，从生活当中来求取禅机，打泉眼，是在地上打，地本身由沙土组成，之所以被堵住，也是被沙土本身所堵，法眼不通，也是因为对法眼本身的执著，我们解脱的障碍是我们的身体，但是解脱的途中又要步步依靠我们的身体，同理，我们求得解脱的工具是佛法，但是又不能执著佛法，这则禅宗公案说的大概就是这个道理。前面曾经举过另一个禅宗公案，“一指禅”，这里所执著的那个法眼，就是那则公案当中的指头。

说到这里，我结合我们的生活，说说到底为什么执著是苦，贪嗔痴三毒称为毒。我们凡夫的快乐是建立在自己的欲望得到满足的基础之上的，从儿时开始，随父母在大街上游玩，看到自己喜欢的东西便走不动路，不惜动用一切手段来得到自己所爱，哪怕使父母尴尬也在所不惜，这便是执著，习气使然，人性的展现，只不过那时候还小，执著之心没有掩饰，美其名曰天真烂漫，天性流露。随着年纪的增长，我们通过文化的作用，逐步掩饰和平衡了这种人性，在一个共同的社会潜规则下，用一种大家默认并且赞许的方式来实现自己的欲望，比如当今社会，男性成功的标志便是：美貌贤惠的妻子、收入不菲的事业，名车、豪宅。这便是社会潜规则，一种公认的默许的东西。可以说，是欲望来推动了整个社会的发展，但这一份欲望是纯粹的欲望，是执著的欲望，是遮蔽了真心的“人”的欲望，这种推动世界的力量是盲目的，它也必将推动世界走向毁灭。道家有句话，叫“顺则凡，逆则仙”，真正的正道都是逆欲望而行的。

上面的大道理讲完了，谈点实际的东西，每个但凡有点阅历的人，我们静下心来想一想，你所执著得到的东西，真正得到后，你真的快乐吗，事实上是，当你得到之后，你会时不时的想到，如果当初没有得到，没准比现在更好，得到也是苦，得不到也是苦。往往你所执著，自认为得到以后会给你带来无限快乐的东西，往往是你痛苦的根源。往往是这些东西在遮蔽你。我们总是明白得太晚，赞叹生命的短暂，在一个人生命的终点，他在看这一生的得失之时，一些有慧根的人，到这时候才会发现，一生不过如此，执著、得到、失去、痛苦，都是一个味道，悔之晚矣。还有一些人，甚至到生命的最后一刻还在执著，遗产给谁，讨厌谁，喜欢谁。这些人，眼一闭，气一断，他执著的东西便会先他而到，他一看，心念一动，迎上前去，立刻堕入轮回，连自己生命的方向都无法把握，实在可怜。

唐代李翱拜访南泉禅师，问道：“古时候，有一个人，在一个玻璃瓶里饲养着一只小鹅。后来鹅渐渐地长大起来，却没有办法从瓶中出来。事既如此，而这个人的本意却又不想把瓶打破，同时也不想把鹅伤害，请问禅师假如是您的话，究竟要怎么办?”

这个时候，南泉禅师突然叫道：“李翱!”

李翱乃自然地回答道：“在!”

南泉禅师微笑地道：“出来了!”

吾人自性本是天真自然，无染无缚，只因妄自分别，终日为名枷利锁所囚，若想跳出烦恼深坑，重获自由自在生活，即如瓶中之鹅，何能安然而出？若能当下认识自我，不坏一法，即明自性本来，就是逍遥自在，所谓“若能识得春风面，万紫千红总是春”啊!

我们的妄想执著组成的这个沉重的身体，以及日渐繁复的后天所形成的思维，严重地束缚了我们平常心的流露，也就是佛性的显露，我们被其所障碍，这则李翱与南泉禅师的公案，与法眼文益禅师的“道眼不通被眼碍”，有着异曲同工之妙，一下便点出了我们痛苦的根源，我们在生活当中，每当遇到不顺心的事情，甚至是快乐的事情，都要当下提醒自己，好好地思考一下这两则公案所带来的启发，快乐与痛苦都莫要执著，因为快乐与痛苦其实是一个东西，都是由于你的执著所带来的障碍，终究会让你遗憾，执著那个让你快乐的东西，终究会给你带来痛苦，更何况本身就是痛苦的事情，你硬要执著，那就是把自己往火坑里推，白白浪费了宝贵的光阴。

在我们平时的生活当中，尤其是在婚姻生活当中，女性过分执著的天性，往往让许多事情走向极端，当然了，这并不是说男性没有错误，一组调查数据表明，在婚姻出现危机的时候，把事情推向极端的往往是女性，最终要求离婚的也往往是女性。在这里我们来看一则故事，让我们看看什么是智慧的女性，什么是能够放下的女性，她放下了执著，放下了普通人认为一定要抓住的东西，最后反而得到了幸福，我觉得这个故事来阐释这节的主题在生活中的体现，再合适不过了。这则故事叫做“幸福的秘诀”。

晓丽是幸福的。丈夫很爱她，并且很能干。

丈夫原是名公务员，前几年下海做生意，许是官场上多年历练的缘故，在商海里如鱼得水，不出几年就混成了“大款”。

作为“大款”的妻子，晓丽完全可以养尊处优，但她一直没有放弃自己心爱的教师职业，并且还担任一个班的班主任，同时还要照顾8岁多的儿子，那个辛苦自不必说。

当老师一个月工资不过一千多块钱，还不够丈夫一顿饭。不少人都劝晓丽，干脆辞职别干了，一心一意相夫教子，多花点心思拴住丈夫的心吧，虽说丈夫目前很忠诚，可说不准以后会花心。也是，有钱的男人总让人放心不下。

晓丽总是一笑置之。

她有自己的道理。女人放弃自己的事业，那还不等于放弃了自我！再说了，和丈夫从同学到夫妻，彼此都很了解，感情也经受了考验，她相信他。当然更重要的，她对自己有信心，她有能力做好老师、母亲和妻子。

有信心的女人是从容的。晓丽每天按自己的节奏生活着，照顾好儿子，教导好学生。丈夫呢，因为要忙生意，天南海北地跑，今天在广东，可能明天就去了上海，有时，一个月也难得回来两次。

晓丽总是那么不露声色，极少埋怨丈夫的忙碌，相反，她十分体贴丈夫。丈夫干事业太辛苦，她经常提醒他，要注意保重身体。顺风顺水时劝丈夫保持清醒，遭遇挫折时给丈夫鼓励。

丈夫在家里，一家人说说话看看电视，丈夫出门在外，她和儿子就常给他打电话，或者给他发电子邮件。丈夫随身带着手机和手提电脑，随时都知道家里有妻子和儿子在牵挂着自己。

周围的女人不是埋怨丈夫太窝囊，就是抱怨丈夫太花心，而晓丽这边风景独好，丈夫越来越能挣钱，但他依然一往情深，他总是尽可能地去多陪一陪老婆和儿子。

找了一个又有钱又有情的男人，晓丽的幸福让人羡慕。有一次，我打趣着问她的相夫秘诀。她笑着说，哪有什么秘诀，只不过把爱攥在手心。

她打了一个比喻，男人就如风筝，在天上飞来飞去，可风筝的那头连着一个家。作为妻子，就是要懂得及时松手，让风筝能高高飞翔；又要懂得及时收紧，让风筝不至于失去控制。

放风筝讲究张弛有度，同时又是需要技术的，握着那条爱的绳索，在张弛之间把握住幸福，这样的妙处只有聪明的女人能体会。

晓丽正是这样一个聪明的女人。

不光在婚姻生活中是这样，在生活中的其他方面，也是同样的道理，学会放下你认为你应该执著的东西，因为这些东西往往会遮蔽你的幸福，慢慢来，慢慢放下，这时候你会发现，你会得到更多，因为这时候，你的幸福感会从心底里流出来，而周围的一切，也会因为你的转变而转变，道家所讲的“无为而无不为”，也是这个道理，并不是什么都不做，而是从自身出发来做，而不是要求外界的改变，死死地执著身外的一切。记住，从现在开始，做一个智慧的人，当你还在执著的时候，反过来问问自己，何必抓住痛苦不放呢？抓住痛苦不放，又怎么能腾出手来抓住你眼前的幸福呢？

眼入毫端写竹真，枝掀叶举见精神。
因知幻物出天象，问取人间老斫轮。

——黄庭坚《题子瞻墨竹诗》

『不知』为何最亲切

停一停匆匆的脚步，
让自己外逐的疲惫心灵休息一下，
问问自己这一生要做什么，
不要迷失于茫茫人海，
不要被滚滚红尘遮住了你智慧的心。

在大家不断成长的过程中，一定都会有这样的感受，就是越活越累，觉得随着岁月的推进，整个社会的竞争也日渐激烈，我们拼命地学习，拼命地工作，每天都像背着一个重担在前进，并且这个重担会越来越重，没有停息的一天。似乎我们都在追赶着什么，追啊追，却永远也追不上，我们追的是什么呢，是海市蜃楼，我们的心被这些美丽的景象所迷惑，每天都在向外逐，去和那看不见摸不着的东西缠在一起，并且为了这个拼命地为自己充电，执著越来越多的东西，这样下去，你的身心都会被拖垮，我国古代先贤庄子早就说过，我们的生命有限，外界的我们所执著的东西是无限的，用我们有限的生命来向外逐，最终的失败者就是你自己，因为你所认识的东西，都是有为法，用我们最熟悉的马克思主义哲学来解释，就是历史的和具体的，是站不住脚的。

当然了，我在这里并不是要否定人们对这些知识的学习，学习这些知识是必要的，因为我们要适应这个社会，但是，我们不能让自己的身心疲惫，不能让自己的心冷若冰霜，一定要有一种油然而生的幸福感的滋润。那么我们应该如何做才能摆脱这种疲惫感呢，我们先来看看禅宗的圣贤们是如何教导后人的。

法眼文益禅师到南方去行脚参学，有一天突然遇到天下大雨，溪流暴涨，他只好到一个寺院去避雨，住在寺中的地藏院里。

寺里的住持是罗汉桂琛禅师，他听说有行脚僧在地藏院避雨，就过来探视，他亲切地问法眼说："你要去哪里呢？"

"我只是四处行脚罢了！"法眼说。

"行脚是什么意思？"

"不知道。"

其实这一路上，有很多人问法眼去哪里行脚，问行脚是什么意思，这不是头一次，于是想也没想，就回答了不知道。

没想到罗汉桂琛竟说：“不知最亲切!”

法眼听了豁然开悟，就留下来做罗汉的侍者，再也不行脚了。

这个公案很有意思，“不知最亲切”和“行脚是什么意思”连起来看，可以使我们有两个思考，一就是六祖惠能回答惠明“还有密意否”的问题，他说：“密在汝边。”自性的密意不是行脚可以得到的，而是在自己的心田，它没有什么秘密，也不在遥远的地方。二就是四祖道信说的：“大道虚旷，绝思绝虑。”心地的光明不在知见上，不在是非观念上，唯有超越了知见才能回归到与自己最亲密切近的自性光明。

“不知最亲切”强烈地表达了禅的超越与实践的精神，对于想得到真实智慧的人，世间的“知”反而令人走向远离之路。

慧朗去谒见大寂禅师，大寂问说：“汝来何求?”

慧朗说：“求佛知见。”

大寂说：“佛无知见，知见乃魔界。”

佛的知见尚且不可求，何况是人间纷扰的知见呢?

我们到现在还可以想象法眼听到“不知最亲切”时那目瞪口呆的神情，一个十方行脚求悟的禅者，想要追求佛的知见，却突然听见“不知最亲切”这五个字，真有如万里晴空中忽然听见天边轰然的响雷一样，智慧之门突然顿开，自性光明骤然涌现。

因此，法眼后来成为伟大的禅师，也常用相同的意趣来教导弟子，有弟子问他：“十二时中要如何修持？”

他说：“步步踏实。”

还有一位弟子问他：“什么是真道？”

他说：“第一是教你去行，第二也是教你去行。”

又有一位弟子问他：“什么是诸佛玄旨？”

他说：“是你也有的呀！”（你就有玄旨！）

另有一位弟子问他：“什么是古佛？”

他说：“现在就很好呀！”（为什么要去问古佛呢？）

法眼说的全是“不知最亲切”。求道者往往花很多时间精力去追求有关道的知识，对道而言，这些知识都很空洞，有如海上的浮沤，与其求知，不如不知，把心力转回内在光明为启发，使自性显露如珠，因为，一切都是现成的啊。

道家重要经典《道德经》中有这么一段话：“知不知，上；不知知，病。夫唯病病，是以不病。是圣人不病，以其病病。是以不病。”这句看似绕口令一样的古文当中所蕴涵的意味，正是切合我们这节的主题，可见真理是世界皆同的，不论自印度起源的佛教还是自我国起源的道教，其教内圣人所悟出的道理都是相同的，因为真理只有一个。

下面来解释一下这句话的意思：“知道自己不知道，是最好的；不知道却自以为知道，是毛病。正是因为承认这种病是病，所以不患这种病。圣人之所以没有毛病，是因为他把毛病当做毛病对待，所以他就没有毛病了。”所谓人贵有自知之明，自知之明，就是向内知道自己，明白自己是谁，自己今生应该做什么，这叫做“止于何处”，要知道我们的心，我们这一生当止在什么地方，这在佛教当中，叫做正念，儒家叫内圣外王。达到这种境界以后，你会发现，你自身的幸福感会像泉水一般，无有休止的涌出，不光滋润了你的心田，也流到了你周围的人的心中，因为他们就是你，你就是他们，你们的心是相同的。

那么这种“不知”，放到我们的现实生活当中，到底是一种什么样的表现呢，这里有一则职场求职的故事，我们来做一个借鉴，这则故事的名字叫做“诚实无价”，相信大家看到这个名字，已经能猜到这则故事所蕴涵的哲理了。

在深圳的职场上，流传着这样一个故事。说是有一位求职者到一家公司去应聘，由于各方面的条件都很不错，他很快便从众多的应聘者中脱颖而出。面试的最后一关，由公司的总裁亲自主持。当这位求职者刚一跨进总裁的办公室，总裁便惊喜地站起来，紧紧握住他的手说：“世界真是太小了，真没想到会在这儿碰上你，上次在东湖游玩时，我的女儿不慎掉进湖中，多亏你奋不顾身地跳下水去将她救起。我当时由于忙，忘记询问你的名字了。你快说，你叫什么？”这位求职者被弄糊涂了，但他很快便想到可能是总裁认错人了。于是，他平静地说：“总裁先生，我从来没有在东湖救过人，你一定是认错人了。”但无论这位求职者如何解释，总裁依然一口咬定自己不会记错。求职者呢，也犯起了倔强，就是不肯承认自己曾经救过总裁的女儿。过了好一会儿，总裁才微笑着拍了一下这位求职者的肩膀，说：“你的面试通过了，明天就可以到公司来上班，你现在就到人事部去报到吧！”

原来，这是总裁刻意导演的一场心理测试：他口头制造了一起“救人”事件，其目的是要考查一下求职者是否诚实。在这位求职者前面进来的几位，因为都想将错就错，乘机揽功，结果反被总裁全部淘汰了，而这位求职者却在面试的时候，成功地展示了自己诚实的美德，所以轻松地将自己带入成功者的行列。

许多事实都证明：成功，往往与诚实结伴而行。诚实是一个“好人”最基本的人格要素，也是做人最基本的道德要求。诚实是成功的基石，也是一个人走向成功的“路标”。

相信我们大部分人在遇到这样的问题的时候，首先的一念并不是要回答“不是我”，而是要升起很多念头，“他为什么要问这个”“我怎么回答他才能满意”“我的回答会给我带来什么好处”，诸如此类，涌上心头，殊不知，此时的一句“不是我”，正是流自心田的最真实、最温暖，也是最平常的一句话，这难道不就是上面公案里的“不知”吗，不知最亲切，真的是这样。我们现代社会的人际关系紧张，造成这样一种局面的原因有很多，其中重要的一点就是人们思虑太多，越来越多的东西遮蔽了我们的内心，这样一来，人与人之间的距离就越来越远，准确地说，应该是心的距离越来越远，这是很可悲的，也是很凄凉的。

希望大家看到这则公案，这节文字，能够停一停匆匆的脚步，让自己外逐的疲惫的心灵休息一下，问问自己的心，自己到底需要的是什么，这一生要做什么，让自己的真心做主，不要迷失于茫茫人海，不要被滚滚红尘遮住了你智慧的心！只有解决了这个问题，你才能从容的处世，不会为生活而焦虑，坦然的面对一切乐与悲，做生活的智者，而不是生活的奴隶。

尽日寻春不见春，芒鞋踏遍陇头云。

归来笑拈梅花嗅，春在枝头已十分。

——梅花尼嗅梅诗

纤毫无着是沙门

愚人调身不调心，智人调心不调身，愚人求佛不求心，圣人求心不求佛。

在佛教经典《维摩诘经》当中，记载着这样一个故事。那时在维摩诘住处有一位天女，每听到有人说法的时候就会现身，把天花（有人说是曼陀罗花）散向众菩萨和佛的大弟子身上。但是那些花落到菩萨身上时便都会自然落下，但是落到那些大弟子身上时却不会掉下来。那些大弟子用神力也不能将花拂去。

因此他们就去问舍利弗，如何能去掉那些花。舍利弗说：“此花不如法。”于是就去掉了。

之所以说“此花不如法”，是因为这种花是没有分别的。仁者会存有分别之心，但对于佛法，存有分别心是不如法，只有不存分别心才是如法。大菩萨众们，花不着于他们，是因为他们都已经断了分别的想法，就如同人害怕生死之时就找不到佛的方便之门了。可见，这些罗汉大弟子们，并没有断尽分别心，心中还是有所牵挂，细微的牵挂，因此叫纤毫。已经感觉不到了，但确实还是有，在关键时候仍然是站不住脚跟。这则公案对罗汉大弟子们的考验，也从一个侧面说明了小乘佛法并不是最究竟，当然了，他们的造诣已经是非常殊胜，不是我们凡夫可及了，只是并不究竟而已。虽然色香味触各种方便的大门已经打开，不再存有这些畏惧，一切五欲也不再有了，但是修行还没有完成，所以花还会着落的他们身上。等到修行彻底完成时，那些花也就不会附着在他们身上了。

在现实生活中，我们常常也会因为别人的一个眼神、一句笑谈、一个动作而心生不安，思虑重重，甚至寝食不安。其实这些眼神、笑谈、动作在很多时候是没有意义的，只是因为我们自己在乎，所以才会为之心乱。

但是在充满矛盾和苦痛的尘世里，如果我们不能以一颗从容的心去生活，想做到不畏人言不畏人笑，只怕很难。

从容的心其实就是一颗平常心，就是摒弃了内心的非分欲望，本着率真的自然之心生活，只有如此才能活得坦荡，活得洒脱。禅宗六祖惠能大师告诫弟子们说：只有抛弃了内外、生死、善恶、是非、祸福、利害、明暗等一切相对，不偏执拘束于任何一端，人才能进入自由自在、无所羁绊的精神境界。这就叫做“在关键时刻能够站得住脚，不会怀疑”，只要有分别、妄想、执著，哪怕是一丝的存在，我们在关键时候都会怀疑自己，怀疑正法。殊不知，这一丝怀疑，便是生死之根，之所以把疑放入五毒当中，所谓“贪嗔痴慢疑”。五种都去掉，就是定，但是定也有深有浅，去掉的程度越大，也就越站得住脚跟，能经受的考验也就越深，反之则越浅。我们仔细思考一下，我们生活当中的一切困难，我们所吃到的亏等，无不都是这五种东西引起的。包括今生所得的恶果，也是由这五毒在前生所造，因为累生累世的习气使然，使我们断掉这五毒很困难，所以才有了正法来对治，修到最后，连这些正法也要舍掉，因为这也是执著。

净居寺的比丘尼玄机，常在大日山的石窟中打坐参禅，有一天忽然兴起一个念头，心想：“法性湛然深妙，原本没有来去之相，我这样厌恶喧哗而趋于定寂，算不得是通达法性的人。”

于是他立刻动身前往探访雪峰禅师。

雪峰初见时问道："从什么地方来？"

玄机回答道："大日山。"

雪峰用机锋语问道："太阳出来了没有？"

玄机不甘示弱道："假如太阳出来的话，会把雪峰给融化了。"

雪峰见其出语不凡，再问："你叫什么名字？"

"玄机。"

"一天能织多少？"

"寸丝不挂！"

当玄机礼拜而退时，才走了三五步，雪峰道："你的袈裟拖在地下！"

玄机听后，赶快回头看一下袈裟的衣角。雪峰哈哈笑道："好一个寸丝不挂！"

玄机和雪峰的对话，可以看出禅的不同境界，玄机的话是捷辩，不是禅；雪峰禅师的一句"好一个寸丝不挂"，那才是禅机！

我们平常看山、看水、看花、看草、看人、看事，看尽男男女女，看尽人间万象，却很少人"看心"。因为尽管我们看尽了世界上的美景奇观，却看不到自己的"心"。心是我们自己的，我们要明心见性，才能找到自己。真正的寸丝不挂，并不是那种后天的智慧，后天的智慧是落入有无的，《道德经》中的绝学弃知当中的学和知，就是这个东西，这些东西处理我们平时生活当中的种种问题确实可以用到，并且能够使你很成功，但是在真正的生死面前，终究是站不住脚的，还是要执著，还是要回头看一眼。我们应该珍惜我们这一世能得到人身，在这一生的道路上，我们不仅要让我们的生活过得合理，还要坦然的面对生死问题，用这一生的时间来寻找自己的内心，把那个能靠得住的东西寻找到，才能不枉此生。

惠能大师在《六祖坛经》里有四句话，教我们看心，把修心的一个总的大纲告诉了我们，非常值得学习：

> 圣人求心不求佛。圣人看心，不一定要求佛；他向自己要求，不向佛求。有一首诗偈说："佛在灵山莫远求，灵山就在汝心头；人人有个灵山塔，好向灵山塔下修。"求自己，比求佛重要，开发自己佛性的潜能，比终日空想成佛却不去修行实践更要紧。求佛终究还是执著，落入迷信，只有求自己的佛性，才是正途。
>
> 愚人求佛不求心。愚痴的人天天求佛拜神，跟神明求平安、求发财、求顺利，这是把信仰建筑在贪心上面。一个人如果不反求诸己，不观照自己的内心，不净化自己的心，求佛有什么用？

智人调心不调身。有智能的人，平常就懂得治心，因为心为一切万法之本，所以平时要以戒来对治贪心；以定来对治嗔心；以慧来对治痴心，这样妄心就调伏了。心一调治好，相貌自然端庄。身体也自然变好，现代人往往一有什么病，就找什么东西来补，从来也没有从熄妄想的角度来调心，中医是我们中华民族的瑰宝，真正高级的中医是在调神，用药治病已落于下风，但是现在连用药用得好的中医，也已经是不多见了。

愚人调身不调心。愚痴的人往往只注重身体的保健，只知道要注意营养、运动等保健之道。调身虽然要紧，调心更重要。如果只调身不调心，心没有治好，光有健康的身体而没有好心，这个身体不会做好事。如果把心治好，就算身体不健康，但有清净的思维，有善良的言行，他的生活自然就能解脱。

这就是惠能大师告诉我们的一个修心的总的原则，一切要从源头处着手，切莫在细枝末节的地方用功，否则终究有烦恼存在。调心的具体情况，反映在生活当中，就是以平常心来对待生活，我们也许很难达到圣贤的那种境界，但我们可以在生活中，用一些方法来动态的调整我们的内心，让我们的生活能够坦然、宁静。在这个喧闹的世界中，提高我们的幸福感。下面有一些方法，希望对大家有用。

1. 不对自己过分苛求

每个人都有自己的抱负，有些人对自己要求过高，根本非能力所及，于是终日郁郁不得志。这无异于自寻烦恼。有些人做事要求十全十美，有时对自己的要求近乎吹毛求疵。往往因小瑕而自责，结果受害者还是自己。为了避免挫折感，最好还是明智地把目标和要求规定在自己能力范围之内，懂得欣赏自己的成就，自然会心情舒畅了。

2. 对他人期望不要过高

很多人把希望寄托在他人身上，尤其是妻望夫、父母望子女成龙。假如对方达不到自己的要求，便会大感失望。其实，人各有志，每个人也都有自己的优缺点，何必非得要求别人迎合自己的要求呢？

3. 疏导自己的愤怒情绪

当我们勃然大怒时，很多错事或失态之事也就油然而生。与其事后懊悔，倒不如事前明智地自制。

4. 偶尔也需要屈服

成大事者处事无不从大处看，只有无见识的人才会去钻牛角尖。明智的有识之士只有大原则不受影响，在小处妥协让步，既无碍大局也减少自己的烦恼。

5. 暂时回避

在生活中受到挫折或打击时，最好暂时将烦恼放置在一边，去做自己喜欢的事，如运动、睡眠、娱乐等，等到心境平和后，再重新面对自己的难题。

6. 找人倾诉烦恼

把所有抑郁埋藏在心底，只会令自己郁郁寡欢。不如把内心的烦恼告诉自己的知己好友，心情会顿感舒畅。倾诉可取得内心感情与外界刺激的平衡，去灾免病。当遇到不幸、烦恼和不顺心的事之后，切勿忧郁压抑，把心事深埋心底，而应将这些烦恼向你依赖、头脑冷静、善解人意的人倾诉，自言自语也行，对身边的动物讲也行。

7. 为别人做点事

做好事，获得快乐，平衡心理。做好事，内心得到安慰，感到踏实；别人做出反应，自己得到鼓励，心情愉快。从自己做起，与人为善，这样才会有朋友。

8. 不要处处与人竞争

有些人心理不平衡，完全是因为他们处处以人为竞争对象，迫使自己经常处于紧张状态。其实人之相处，以和为贵，只要你在心理上不把别人看成对手，别人也不一定与你为敌。

9. 忘却也是保持心理平衡的好办法

忘记烦恼、忘记忧愁、忘记苦涩、忘记失意、忘记昨天、忘记自己、忘记他人对你的伤害、忘记朋友对你的背叛、忘记脆弱的情怀、忘记你曾有的羞悔和耻辱……这样你便可乐观豁达起来。人生的道路是曲折坎坷的，对于荣辱、富贵、贫穷、诽谤、嫉妒、酸楚等社会附加物，一笑置之，那么你就得到解脱了，心理就平衡了。

10. 丰富多彩的生活

这是消除心理压力的最好方法。从事你喜欢的活动时，比如下棋、打牌、绘画、钓鱼等，不平衡的心理自然逐渐得到平衡。

以上这些处世之道，在我们凡夫的现实生活当中非常的有效，当我们遇到事情的时候，多用这些方法来动态地调整我们的心态，我们就会快乐起来。希望大家都能快乐的生活，浑身都能充满春意的温暖。

荷衣松食住深云，盖是当年错见人。

埋没一生心即佛，万年千载不成尘。

——楚云南禅师诗

随缘时节知佛性

人生如水，我们既要尽力适应环境，也要努力改变环境，实现自我。学会水的精神，学会随缘、快乐、坚定的生活。

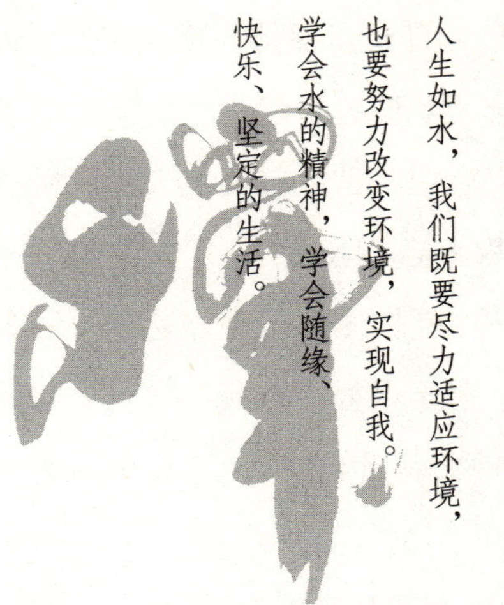

佛教创始人本师释迦牟尼佛悟道之初，在鹿野苑初转法轮，说的法叫做“四圣谛”，这个我们很熟悉，也就是“苦集灭道”，也就是成就小乘阿罗汉道的一系列过程，成道的过程。苦即是首先要体会世间皆苦，没有快乐可言，其实所谓人生短暂的快乐，也无不是隐隐地建立在苦痛的基础之上，不值得留恋，各位读者看到这里可能会反驳我，人世间的快乐明明很好啊，你怎么说它是苦呢，我相信每个有一定阅历的人，在回忆往事的时候，大都一个样子，那就是叹息，人在什么时候会叹

息呢？在遗憾、后悔以及往事不堪回首时。因为缘生，便会缘灭，因缘灭时，我们则无不扼腕叹息，赞叹那快乐如此短暂，痛苦却如此之长，这就是人生，终究是由矛盾所主宰。

那么说起人生之苦，佛教大体把它分为八种，这八种苦，大家一看便会发现，我们所有的苦痛，无外乎就这八个了。即生老病死四苦，以及怨憎恚、爱别离、求不得与五蕴织盛。反过来讲，快乐的感受是不用分类的，因为人们对于快乐的感受是一样的，而不幸的感受，则各有所别。生老病死四苦自不用说，生来要依靠父母照顾，毫无自主能力，最关键的是，生便是一切苦的开始。老，我们也不必多言，大家去看看福利院的老人，以及我们周围那些患病的老人，那是非常惨的，我听到过很多人的感叹，人老了真可怕啊！病死之苦，去医院自会体会的到，死亡不容易有个直观的感受，用佛经当中对死亡感觉的一个描述，便是“生龟脱壳”，一只活着的乌龟，生生地脱下它的壳，你可以想象，有多么痛苦。

剩下的四苦，可以说是人生的常态，怨憎恚、爱别离、求不得与五蕴织盛，前三个，大家容易看懂，更容易体会，中国文化当中对世间众生有这么一个描述，我觉得非常贴切，自己作为其中一员，也是深有感触，那就是“痴男怨女”，多么形象。说起这最后一苦，其实我们前面已经多次提到，那就是对自我的不断执著，很盛的执著之心，执著自己的感受，执著自己的得失，因为有个自己紧握的执著，于是有了以上诸苦。说了这么多苦，大家一定会询问那该如何活得快乐，让我们来看看无德禅师是如何开示我们的：

有三个愁容满面的信徒，去请教无德禅师，如何才能使自己活得快乐？

无德禅师："你们先说说自己活着是为了什么？"

甲信徒道："因为我不愿意死，所以我活着。"

乙信徒道："因为我想在老年时儿孙满堂，会比今天好，所以我活着。"

丙信徒道："因为我有一家老小靠我抚养。我不能死，所以我活着。"

无德禅师："你们当然都不会快乐，因为你们活着，只是由于恐惧死亡，由于等待年老，由于不得已的责任，却不是由于理想，由于责任，人若失去了理想和责任，就不可能活得快乐。"

甲、乙、丙三位信徒齐声道："那请问禅师，我们要怎样生活才能快乐呢？"

无德禅师："那你们想得到什么才会快乐呢？"

甲信徒道："我认为我有金钱就会快乐了。"

乙信徒道："我认为我有爱情就会快乐了。"

丙信徒道："我认为我有名誉就会快乐了。"

无德禅师听后，深深不以为然，就告诫信徒道："你们有这种想法，当然永远不会快乐。当你们有了金钱、爱情、名誉以后，烦恼忧虑就会随后占有你。"

三位信徒无可奈何地道："那我们该怎么办呢？"

无德禅师："办法是有，你们先要改变观念，金钱要布施才有快乐，爱情要肯奉献才有快乐，名誉要用来服务大众，你们才会快乐。"

其实无德禅师这则公案，告诉我们两个字，一个我们平时经常提到的词语，那就是"随缘"，也许大家会问，说到"随缘"，难道是叫我们不作为吗，不是这样的，公案当中有两点值得我们注意，一是向内审视我们的念头，二是学会布施一切，舍才是快乐的，只有舍，才有得，这时的"得"，我们回到第一点，是无我的"得"，这个功德就很大了，《道德经》中说："圣人无私，故能成其私。"所谓无私即是大私，凡夫只在乎自己的付出能得到多少看得见的回报，却不知道他这样的想法有多小家子气，看得见的永远是芝麻绿豆大的小利而已，凡人愚痴，不懂因果，最终落得个精神和物质的双重贫穷。那么说到这里，这和“随缘”又有什么关系呢？

其实，随缘是一种进取，是智者的行为，愚者的借口。何为随？随不是跟随，是顺其自然，不怨恨，不躁进，不过度，不强求；随不是随便，是把握机缘，不悲观，不刻板，不慌乱，不忘形；随是一种达观，是一种洒脱，是一份人生的成熟，一份人情的练达。也就是说，所谓的“随”，中庸之随，真心为了他人而奋斗，不怨天，不尤人。

何为缘？世间万事万物皆有相遇、相随、相乐的可能性。有可能即有缘，无可能即无缘。缘，无处不有，无时不在。你、我、他都在缘的网络之中。常言说，“有缘千里来相会，无缘对面不相识”。万里之外，异国他乡，陌生人对你哪怕是相视一笑，这便是缘。也有的虽心仪已久，却相会无期。缘，有聚有散，有始有终。有人悲叹：“天下没有不散的筵席。既然要散，又何必聚？”缘是一种存在，是一个过程。这就是缘，缘来则应，真心付出。缘去不留，把一切做的圆满。

有一个人总是落魄不得志，便有人向他推荐智者。

智者深思良久，默然舀起一瓢水然后问：“这水是什么形状？”没等回答，又把水倒入杯子，这时，这人恍然大悟：“我知道了，水的形状像杯子。”智者无语，把杯子中的水倒入旁边的花瓶，这人悟道：“我知道了，水的形状像花瓶。”智者摇头，轻轻端起花瓶，把水倒入一个盛满沙土的盆，水便一下融入沙土不见了。

这个人陷入了沉默与思索。

智者弯腰抓起一把沙土，叹道：“看，水就这么消逝了，这也是一生！”

这个人对智者的话咀嚼良久，高兴地说：“我知道了，您是通过水告诉我，社会处处像一个个规则的容器，人应该像水一样，盛进什么容器就是什么形状，而且，人还极可能在一个规则的容器中消逝，就像这水一样，消逝得迅速、突然，而且一切无法改变！”这人说完，眼睛紧盯着智者的眼睛，他现在急于得到智者的肯定。

“是这样。”智者拈须，转而又说：“又不是这样！”说毕智者出门，这人随后跟着。在屋檐下，智者伏下身子，手在青石板上的台阶上摸了一会儿，然后顿住。这人把手伸向刚才智者所触之地，他看见有一个凹处。他不知道这本来平整的石阶上的“小窝”藏着什么玄机。

智者说：“一到雨天，雨水就会从屋檐落下，这个凹处就是水落下的结果。”

此人遂大悟：“我明白了，人可能被装入规则的容器，但又应该像这小小的水滴，击穿这坚硬的青石板，直到改变容器。”

智者说：“对，这个窝就会变成一个洞！”

“水”可以说是中国文化的重要标志之一，《道德经》中对水的概括，我觉得应用在这个“随缘”的主题上，非常的贴切，有利于大家来理解“随缘”之意，从而更好地化解生活当中的困惑与无奈。“居善地，心善渊，与善仁，言善信，正善治，事善能，动善时。”

人生如水，我们既要尽力适应环境，也要努力改变环境，实现自我。我们应该多一点韧性，能够在必要的时候弯一弯、转一转，因为太坚硬容易折断。唯有那些不只是坚硬且更多一些柔韧和弹性的人，才能克服更多的困难，战胜更多的挫折。学会水的精神，学会随缘、快乐、坚定的生活，从此，我们的心将平静，我们的人生将不凡！

云痕变灭一兴亡，铃语沉沉碣草荒。

立马城阴高处望，塔尖留得古斜阳。

——何振贷铁塔诗

吃茶

赵州和尚的禅茶一味

吃茶去，洗钵去

人生在世不如意事十有八九，遂意也罢，逆境也罢，都不可过于执著于身外之物。即使泰山崩于前、猛虎追于后，也一样悠哉悠哉地『吃茶去』！

禅宗发展到后期，有着“德山棒、临济喝、云门饼，赵州茶”之称，这四派也代表了禅宗的四种教育法。其宗旨都是一样的，希望学者于前后念之间切入，从而达到开悟的境界，专注一念，不起妄想。这一章主要漫谈一下有“禅茶一味”之称的赵州禅法。其最具代表性的公案，也体现了其独特的教育法，就是“吃茶去。”

知尘和尚欲求法于赵州禅师，于是来到他所在的“观音院”，希望能挂单，并求得正法。当他叩开院门，迎接他的是一位老僧人。

行脚僧忙合十行礼道："小僧知尘，自郊亭县来拜谒从谂禅师，请问可否挂单？"

老僧人向他面上望了一眼，转身道："跟我来吧。"

知尘连忙跟上，"我想先去拜谒老和尚。"

老僧人没有作声，只是向前走着。知尘随老僧人穿过几棵柏树，来到后院的方丈寮。老僧向内一指，竟自离去。

知尘站在门口发了一会儿愣，忽听身后有人喊："院主，院主！"转身一看，一位面色黧黑的僧人正叫住一位中年僧人道："寺里又没米了，明日可就断炊了，连早斋的粥也不能做了，只好将就做米汤。老这么着，我这个典座可当不下去啦。"

院主摇了摇头道："唉，别说你这典座，连我这院主也快当不下去了。你看，这一个月来问法的人，不管是谁，和尚都叫人家'吃茶去'，不光买茶费钱，后院的笋都快拔完了。咱们又没有什么大施主，中秋节怎么过还不知道呢……"

典座也叹了口气，摆了摆手道："那您快去说吧，我这里还等米下锅哩。"

院主转过身正准备往里走，却看到了站在门口的知尘，奇道："咦？怎么站在门口？"

知尘道："小僧是来拜谒方丈的，一位老法师领了我来，不知这样进去是否冒昧。”院主道：“如此，随我来吧。”

知尘跟在院主身后进了方丈寮。只见座上坐着一位身材矮小、枯瘦面黑的老和尚，也不着褊衫，短褂又破又旧，有几处已烂得丝丝缕缕——这便是赵州从谂禅师了。旁座却已坐着一位高瘦的僧人，椅旁立着香袋等物，想必也是来参拜方丈的。

院主指示知尘坐下，轻唤一声：“和尚。”座上的老和尚缓缓抬了抬眼皮，扫了二人一眼，指着先头来的僧人问：“曾来过我们观音院么？”

那僧人站起身来，恭敬地答道：“不曾来过。”老和尚道：“噢……吃茶去。”

僧人颇有些摸不着头脑，只得站起来出门去了。

老和尚又转向知尘。知尘心里一阵激动，虽则看到赵州老和尚这副模样有些失望，但他毕竟是开悟的禅师啊。在家中、路上酝酿已久的那些禅宗公案已经快脱口而出了，他暗自惴惴，打了这些机锋，说不定也如老和尚当年一般，被当做法器，收在方丈寮里当侍者也未可知呢。那时天天亲近老和尚，说不定很快就能开悟了，而且天下人来参拜老和尚，全由我通报参见，好不风光啊。哎，等等，这赵州观音院如此穷酸，刚才听说连饭都吃不上了，我要是留在这儿……

他那里正自天马行空，只听老和尚问道："曾来过我们观音院么?"知尘一愣，这不是刚才问那个和尚的问题吗，这个禅宗公案里可没有。便站起来恭敬地答道："小僧幼时曾随家师来此拜谒，此是再拜，还请老法师警示……"

老和尚道："噢……吃茶去。"知尘当下愣住了。

院主不解道："和尚，刚才那个没来过的让他去吃茶也罢了，怎么这个来过的也叫他吃茶去?"

老和尚唤道："院主!"院主忙应："喏。"老和尚道："你也吃茶去!"院主怔了怔，随即像是放下了什么似的，笑了起来，遂领着知尘出了方丈室，去往茶寮。

走时，知尘又忍不住看了老和尚一眼，那老和尚仍是同先前一般，枯瘦邋遢，可是在这瘦、这邋遢中仿佛有一种直指人心的力量。老和尚猛然抬眼看了知尘一眼，知尘竟然吓得低下了头，不敢与老和尚的视线接触。

随院主来到茶寮，知尘还是不懂，只是不好再问，加之长途劳顿，既渴且饿，顾不得那么多，急忙捧起面前的茶喝起来。知尘捧着碗道："方丈和尚让咱们三个人同来吃茶，院主怎么没有?"茶头一笑，道："茶禅是缘，各有各的缘法。"

第二日，知尘再次拜见赵州禅师时，一个年轻的僧人显然是新来的，风尘仆仆地背着衣钵站在地头，向从谂禅师行礼道："学人远来迷昧，乞师指示一二。"

老和尚手中的锄都没停，开口问道："刚才早斋吃粥了吗？"僧人答道："吃过了。"老和尚道："洗钵去。"知尘虽然听不懂老和尚与众人打的机锋，却是个最踏实勤奋的。他在观音院挂单时每日除了诵经、早晚课和出坡，其余时间便都在茶室帮茶头师父洗涤茶具，清扫屋尘。

几年下来，知尘竟积攒着听了不少公案了。因每日留意茶头师父煮茶分茶，佛前供茶，也渐渐学会了煎点之法和司茶之礼。茶头师父人很白净，知尘经常想不通在赵州这样风沙很大、盥洗又甚为不便的地方，茶头师父是如何保持着一尘不染、一丝不乱的仪态的。

一日晨起，知尘早早来到茶室，那日是观音菩萨圣诞，早上就要煮茶供佛。茶头师父空着双手来到茶室，却不动手煮茶。知尘诧异地看着茶头师父，正待发问，茶头师父却先问道："你远来观音院所为者何？"知尘答道："向从谂禅师求禅法。"

茶头师父又问："求什么？"知尘答道："求禅法。"

茶头问："禅法在哪？"知尘一时迷惑，心中塞了个大大的疑团。茶头师父却已在蒲团上坐下，闭了双目道："不懂就去问。"

知尘茫然地来到方丈室，正碰上赵州老和尚打着哈欠走出来，看到知尘，便问道："来做什么？"知尘道："问禅。"

赵州和尚又问："你自哪来。"知尘道："茶室。"

老和尚便道："吃茶去。"知尘于言下开悟，豁然开朗。

赵州从谂禅师无论在当时还是后世，都是影响力巨大的禅门巨匠，但他在观音院驻锡期间，却过着很清苦的生活。

一次，柏林寺现任方丈明海禅师来北京老舍茶馆喝茶时，也做过相似的开示。当时，他指着一个茶几说："禅有一个很重要的精神——去接触。比如说这个茶几，我们要认识它，我们要去碰它，直接去接触它，去干！去做！赤膊上阵！去做、去触撞，你就认识它了。所以禅很重视经验，从书本上说，禅是什么？就是叫你去体验。说到茶，'吃茶去'，你要直接去喝。生命也是一样，你要直接去碰。你直接去爱一件事，你去为它付出，为它受苦，你就认识它了。"

禅门重"悟"，参禅的目的在于明心见性。要"悟"就必须做到时刻能把握当下的自己，每个刹那意识都不离开当下的自己，关注着自我的状态。

当被问及"曾到否"时，如果死死顺着问题回答，那就意味着，在思考此问题答案时，你的思维、意识已经离开了“当下的你”，而不自觉地被问题牵引思考“过去的你”去了。

佛家讲“缘起性空”，所谓空，不是什么都没有，而是指世间万物都是不停变化的，这一秒的河流已经与上一秒的河流不同。同样，当下此刻的你，也已经与过去的你不同，现在的你并非过去的你。若是去考虑过去，那么你的心性就还纠结于过往，这就是“执著”，而非“放下”。

一旦被“来过否”的问题牵住鼻子走，你就已经丢掉了“当下的自己”，在这言语的交锋中便输了。这表明你的的心性修为还不到，还容易被外物（一个提问）所影响。师傅让“吃茶去”，不过就是让你独自去品茶，静下心来，把“当下的自己”找回来。

在此公案中，不但顺着问题回答的两僧“丢了当下自己”，就连在一旁本来事不关己的院主也来追究问题的答案。当院主提问时，他也一样离开了“当下的自己”。所以三人被统统斥去“吃茶”。

这里的“吃茶”与饮食文化并无太大关系。在公案中完全可以被替换成“打坐去”或其他的。在禅宗看来，吃茶和打坐，以及“行住坐卧”，一切生活，都可以是修炼的方法之一。

真正领会“吃茶去”的深刻含义，不但可以指导僧人"心注一境"，虔诚修行，而且可以启迪常人日常生活的许多方面，从而达到一个新的境界。

当你正书生意气，挥斥方遒，却在高考中名落孙山，令你热血冷却，理想破灭，一时不知所措，在十字路口徘徊、彷徨时——吃茶去!

当你几经周折就业不符合心愿，实在枯燥无味，百无聊赖，难于发挥所长，觉得英雄无用武之地时——吃茶去!

当你在错综复杂的人际关系中，左磕右绊，被人误解，受到委屈，甚至遭人暗算，而心灵受到创伤时——吃茶去!

当与你于花前月下、卿卿我我、甜甜蜜蜜的恋人，忽一日另择高枝弃你而去，不啻于晴天霹雳令你目瞪口呆，甚至欲想寻短见时——吃茶去!

"吃茶去"！多么豁达的胸怀、多么洒脱的人生、多么自在的境界!

人生在世不如意事十有八九，但不管生存状况如何，遂意也罢，逆境也罢，都不要把它太当做一回事，不可过于执著于身外之物。即使泰山崩于前、猛虎追于后，也一样悠哉悠哉地"吃茶去"!

人们往往羡慕别人的权势，却不知这权势的背后，或许牺牲了做人的尊严，或许放弃了自在的生活；羡慕别人的财富，却无从了解财富主人的“第一桶金”是否带着原罪，是否背叛了友情、放弃了爱情、疏离了亲情。

再说人并不是有良田千顷、广厦千间就能快乐满足的，真正的快乐是：心里有智能，没有挂碍，终日钻营抑或忙碌于官场、商场、职场、情场云云者，与“吃茶去”无缘。

既然明白了这事理，何不赶快“吃茶去”！

乌舍凌波肌似雪，新持红叶索题诗。
还卿一钵无情泪，恨不相逢未髡时。

——曼殊本事诗

庭前柏树

寻求自我解压，保持心理平衡。无论风风雨雨，无论人世有多少苦难，太阳每天是新的。

万里晴空，风和日丽。古柏森森，枝摇条拽。大殿内，僧众列集，表情肃穆，都在聚精会神，听赵州禅师讲禅。

赵州从谂禅师："老僧我年轻的时候，曾到沩山灵祐禅师处学习，恰好有学僧前来拜谒。学僧问沩山：'如何是祖师西来意？'沩山不回答问题，反而对来人说：'把禅床给我搬过来。'据我看来，作为得道宗师，当时他不应该这样来回答学人的问题，应该以本份事来开示和导引。"

话音刚落，马上有学僧起立，当庭发问："请问师父，如何是祖师西来意呢?"

赵州禅师抬头，仰望着风中摇拽的古柏，意味深长地回答道："庭前柏树子。"

学僧又问道："师父，你不要用境界开示来人。你还是请您明确告诉，如何是祖师西来意呢?"

赵州道："好吧，我不用境界开示，我会明确告诉你。"

学僧追问："如何是祖师西来意?"

赵州正色，朗声答言："庭前柏树子!"

学僧所问"如何是祖师西来意"，话中的"祖师"，是指禅宗的中土初祖达摩。

自惠能以后，禅门弟子们反复参究为什么达摩从西土而来，急切地感悟达摩来中土弘扬禅法到底意趣如何，所以，"如何是祖师西来意"，一直成为禅门中的热门话题。

答案林林总总。其中，唯独赵州禅师的回答，最为情趣盎然，最为合情合理，最让人咀嚼不已。

"至道无难，唯嫌拣择。才有语言，便是拣择。"赵州禅师的这些话，就是指出：语言，即是分别妄想。眼前的学僧刨根问底，死死咬住"如何是祖师西来意"，就是一种分别妄想。

如果赵州禅师像日后的大梅法常禅师说“西来无意”，显然就缺乏活的机用，堕入无事的死水，微澜不起。

所以，赵州禅师并不接学僧的话头，他随口一句“庭前柏树子”，其实是张牙舞爪，抖擞威风，目的就是想促使学僧能悚然惊醒，顿断理路。

学僧性愚，不依不饶，认为赵州和尚是“将境示人”，以譬喻还譬喻，怀疑赵州禅师的答言模棱两可。

赵州禅师很有耐心，表示说“我不将境示人”。学僧自以为得计，再次追问。不料，赵州禅师依旧是那句“庭前柏树子！”

如果尽剥禅悟的隐语不深究，赵州禅师所说的“庭前柏树子”，只是随意表达的一种物体罢了。如果他当时看见迎头飞来一只乌鸦，肯定会回答“一只大乌鸦”。所以，他所说的是“柏树子”，只不过用这个概念来推翻学僧粘连于物的执著，来表达禅不可言道的精髓所在。

其实在生活当中，也是一样的道理。总是执著，得到也好，得不到也好，终究是要执著，殊不知，这种执著往往只会给自己带来痛苦，我们追着痛苦走并且还不觉悟，如同公案中的学僧，反倒怀疑祖师的教育法，这便是所谓颠倒妄想。我们为何不能用平常心来审视周遭的一切呢，准确的说，应该是试着用平常心来观察，你会逐渐发现，用新的视角，周遭的一切也会变得不同。

人生在世，草木一秋，如白驹过隙，瞬间而已，如何让自己在有限的生命里，保持一颗平常心，幸福快乐地过好每一天，首先一个人要树立正确的世界观、人生观、价值观，正确对待名与利，远离各种诱惑和干扰，摒弃嫉妒与浮躁，才能拥有一颗平常心，做到“宠辱不惊，看庭前花开花落，去留无意，望天上云卷云舒”。

人生本来就有酸甜苦辣，一定要养成承受困难的心理准备，没有一个人一切都顺利的。有些事一定且必须想明白，那就是：命里有时终归有，命里无时莫强求。别人有好东西或有进步，你怎么办？别人有好东西，你发自内心为他高兴，不要嫉妒，要见贤思齐，向他学习，补充自己。

平常心是一个人取得成功必备的品质之一，每个人几乎都是在自己成长的同时，不可避免的不断地与周围的人进行横向纵向的比较，一旦自己在比较中处于劣势，心理就会产生不平衡感，压力也就陡然而生。于是就要用自己的努力来达成一个又一个欲望。当然，这种追求上进的精神是我们倡导的，但是我认为凡事都要有个度。人活在世上，欲望是永无止境的，我们不可能实现所有的愿望，这时我们就得学会放弃，进而摆脱失望后的心理不平衡，避免压力让我们受到伤害。因为心理平衡了，生理才会平衡；生理平衡了，人体的各个系统才会处于最佳的协调状态；系统处于最佳状态了，健康与活力自然焕发。

俗话说“心态好就是指心理平衡”。值得一提的是，心理平衡并非心如枯井，更不是麻木不仁。心理平衡是一种理性的平衡，是人格升华和心灵净化后的崇高境界，是宽宏、远见和睿智的结晶。平常心表面看似缺乏向上进取的精神，超然于世外，轻易不与人争斗，是一种无为的心理状态。其实不然，平常心以淡然平和的心态面对成功与失败，剔除了急于求成的功利思想，减少无谓的失误和牺牲，让自己能力和水平保持最佳状态。平常心看似无为，其实是无为中有为，是一种积极、乐观、健康的心理状态，也是取得成功的法宝。

俗话说“非淡泊无以明志，非宁静无以致远”。平常心的人生最难能可贵的就是在你人生最辉煌的时候，仍然保持一颗平常心。竞技比赛如此，其实人生也是如此。

平常心是道，是我们赢得幸福生活的制胜法宝。不管你现在多么成功，都要保持一颗平常心，尤其当你还想有所发展的时候，更要保持一颗平常心，平常心能让你微笑面对扑面而来的是是非非，以质朴、谨慎和求实的精神，顺其自然，从头做起，从现在做起，淡然面对名利的纷扰，挖掘出你身上最大的潜能。

而我们现实生活中却有些人，自己一旦取得一点的成绩，或是有一点的进步，面对众人的鲜花、赞美和掌声，慢慢地迷失了自我，心也变得浮躁起来，自己总是觉得比别人高出了许多，说话办事一副高高在上的样子，让人觉得很不舒服，慢慢地周围的同事和朋友开始疏远你，从心里放弃了你。你失去了大家的配合、团队的支持，成为无本之源，在惆怅中走向失败。

当然，面对顺境需要保持一颗平常心，而面对逆境时更需要保持平常心。俗说话，人生不如意十有八九。特别是我们面对人生的困境时，也要学会以平常心调适自己的心情，以平常心冷眼看人生。虽然，当下我们无法让自己很富有奢华，但可以让自己的过得鲜活快乐，这一点是自己可以把握的。当你受到批评、挫折、失意时，你是让这些坏情绪激怒你、伤害你的感情、影响自己的生活、整日闷闷不乐呢？还是欣然接受，处之泰然？一个人如果努力尝试，他一定可以处理这类问题。保持平常心，我们便能以正确的心态面对。如果心中作好准备，当这些挫折到来时，你便能泰然面对它，而不会受到任何伤害。

不过，调适自己心情还要有适当的方法。当我们遇到人生的坎坷时，学会放飞自己的心灵，去登山，去看海，去看日出、日落，用积极的思想提升自己的心灵境界，超越世俗的纷扰，我们的心境越高，就越不易受到外界的影响，别人与我们相处就会感到高兴。所以，我们应该让自己随时保持超凡脱俗的心境。人要学会寻求自我解压，保持心理平衡。除了寻求身体健康之外，我们还得让自己的心理也得时时保持健康，这就需要我们时时保持一颗宽容的心去对待一切，无论风风雨雨，无论人世有多少苦难，记住一句话：太阳每天是新的。带着这样的认识与理解去生活，相信每一天的日子都是非常绚丽多彩的。让我们都学会自我解压，在尘世的风雨飘摇中，保持住一副良好的心态，轻松愉快的过好每一天。

年老心闲无外事，麻衣草座亦容身。

相逢尽道休官好，林下何曾见一人。

——灵澈东林寺酬韦丹刺史诗

烦恼即佛

人生最大的财富是健康，
最可怜的是嫉妒，
最大的敌人是自己，
最大的幸福是放得下。

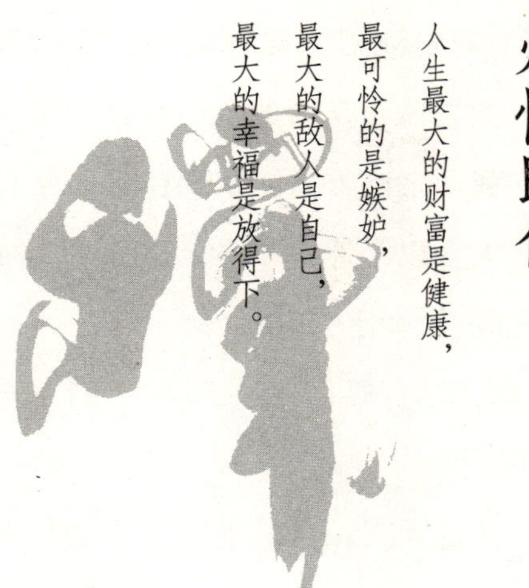

我们学禅常常接触到“众生即佛”“烦恼即菩提”这样的句子，感觉到非常矛盾，不能统一。众生明明是众生，众生是愚昧不觉、自掘坟墓，而佛是光明解脱、至高无上，怎么说“众生就是佛”呢？烦恼是痛苦无奈的，甩都甩不掉，怎么说它即是菩提呢？

宋朝德普禅师性情天赋豪纵，幼年随富乐山静禅师出家，十八岁受具戒后，就大开讲席弘道。两川缁素无人敢于辩难，又因其为人急公好义，时人誉称他为义虎。

宋哲宗元祐五年十月十五日，德普禅师对弟子们说：

“诸方尊宿死时，丛林必祭，我以为这是徒然虚设，因为人死之后，是否吃到，谁能知晓。我若是死，你们应当在我死之前先祭。从现在起，你们可以办祭了。”

大众以为他说戏语，因而便也戏问道：“禅师几时迁化呢？”

德普禅师回答：“等你们依序祭完，我就决定去了。”

从这天起，真的煞有介事地假戏真做起来。帏帐寝堂设好，禅师坐于其中，弟子们致祭如仪，上香、上食、诵读祭文，禅师也一一领受飨餮自如。

门人弟子们祭毕，各方信徒排定日期依次悼祭，并上供养，直到元祐六年正月初一日，经过四十多天，大家这才祭完。

于是德普禅师对大家说：“明日雪霁便行。”

此时，天上正在飘着鹅毛般的雪花。到了次日清晨，雪飘忽然停止，德普禅师焚香盘坐，怡然化去。

悟道的禅师，有一些言行生活，给人一种游戏人间的感觉，其实，禅者岂单游戏人间，连生死之间都在游戏。

在禅者眼中，生固未可喜，死亦不必悲，生和死，不是两回事，生死乃一如也；因为既然有生，怎能无死？生死即烦恼，相续不断，超越生死，便是超越烦恼，烦恼即菩提，没有烦恼，又哪来的菩提，本就不法，何来二物?

“烦恼即菩提”，是说你感受到烦恼了，就表示你有感受、你有觉受。若是一个死人、机器人，他就没有烦恼，因为他没有觉受。所以说“烦恼即菩提”，从烦恼的感觉上，当下证实你有觉性，所以它是不二的。

诸如此类，我们把所有的法都汇归到“不二”以后，然后“一也不立”，连“一”也不要去建立。这样的话，当下就是解脱，当下就是一种成就，而当下就可以得到生命的升华。

在生活当中也一样，佛经讲“烦恼即菩提”，又说“不怕念头起，只怕觉照迟”；有了烦恼，才会懂得寻求解脱之道，才会增长智慧，所以不要害怕烦恼，重要的是要找出我们烦恼生起的原因。

烦恼起于执著：人生的顺逆境很多，一般人遇到困境，例如失业、失恋、失意时固然令人沮丧、烦恼；处在顺境时，如果执著、害怕失去，也会被顺境所困。这就如同铁链子能锁住人，金链子一样会束缚人的道理是一样的。所以人生不管遇顺逆之境，要懂得转境，不可执著；修行最大的功夫，就在于一个“转”字，要“转法华”而不要“被法华转”，也就是不要执著。能够不怕烦恼，不执著烦恼，自可安然自在。

烦恼缘于无明：无明就是不明理，我们与生俱来的无明，就是贪嗔痴慢疑；有了无明，就有贪欲、嗔恚、骄傲、疑惑等烦恼，所以烦恼起于贪嗔痴慢疑等无明。有句话说："宁与聪明人打架，不与无明人讲话。"一个人若不讲理时，好话、善言、佛法一点也派不上用场，就会有烦恼；反之，如能通情达理、明白因果道理，就能消除烦恼。

烦恼由于看不开：世间上有很多烦恼都是自找的，所谓"杞人忧天"，乃至担心"世界末日"等，烦恼了半天，却什么事也没发生。也有人因为小事看不开，钻牛角尖，自然"烦恼绵绵无绝期"。因此，凡事多往正面看，能够看得开、看得透，能对一切吉凶抱着超然洒脱的态度，就不会自寻烦恼。

烦恼出于太自私：人之所以会有烦恼痛苦，皆因有"我"；"我"是烦恼的根源，"我爱""我要""我欢喜"，凡事只想到"我"的需要，就容易与人对立、冲突，因此我多则苦多，我少则苦少。所以，一个人起心动念如果能多想想如何有利于人，就会活得轻松踏实。

其实，人间的是非烦恼很多，追根究底大都是因为眼耳鼻舌身意"六根"不当向外追逐"六尘"招来的。例如，不当看的乱看，因此"睚眦必报"，惹来杀身之祸；不该听的乱听，听出许多纷争烦恼；不应吃的乱吃，于是“病从口入”……

儒家主张“非礼勿视、非礼勿听、非礼勿言”，这也是佛教所谓的“都摄六根”。一个人如果能用佛法管理好自己的六根，这就是最大的修行；而有修行的人，自然懂得处理烦恼、化解烦恼，所以“欲除烦恼病，当取佛经读”。下面送大家四条佛家妙语，希望大家能够受用，时时关照，时时思维，虽不能达到觉悟的大道，至少在生活中，能够让我们战胜烦恼，活得开朗。

佛家妙语之一：人生最大的财富是健康。

此语虽人人皆知，但要真正领悟，又非易事。试看古今中外之人，或为名所惑，或为利所动，或为官而奔波，或为爱情而苦恼。把名、利、禄、情视为人生的最高追求，却不知人生最大的财富只是自身的健康。记得有篇小说写一个爱财如命的财迷，进了一座黄金山，山内皆是黄金珠宝，大喜若狂。但因贪得无厌，终于陷入黄金山而无法出来，于是黄金山中留下几根白骨，岂不悲哉？由此可见，健康是最宝贵的，也是人生最大的财富。如果一个人想通了这一点，那么什么名利之念、非分之欲，都可化为乌有。

佛家妙语之二：人生最可怜的是嫉妒。

嫉妒是人生最容易碰到的事，李斯因嫉妒同学韩非的才能，向秦王进谗言而致韩非死在狱中；庞涓因嫉妒孙膑的学识超过自己，用毒计陷害孙膑，使孙膑致残。如以佛家妙语悟之，李斯、庞涓都是极可怜的人，他们纵然阴谋得逞于一时，但最后都不得善终。

嫉妒是一种病，患嫉妒病的人，一生都不得安宁。他们今天害怕某人超过自己，明天又担心某人走在他前头，他终日生活在一种可怜的病态之中；相反，历史上真正功成名就的人，都以嫉妒为耻。欧阳修是北宋文坛领袖，他当年识拔后生苏东坡，有人便对欧阳修说："苏东坡才情极富，若公识拔此人，只怕十年之后，天下人只知苏东坡而不知欧阳修。"但欧阳修一笑了之，依旧提拔苏东坡。后人更加崇敬欧阳修。苏东坡脱颖而出后，更是感恩在心，他为欧阳修写的悼文，名动千古。

佛家妙语之三：人生最大的敌人是自己。

此话最为重要。人的一生总会遇到一些敌人，如流氓、无赖、小人，此等衣冠禽兽之徒可恶之极，但看穿了，也无非是一堆垃圾。人最大的敌人，还是人自己。一个人能战胜自己，也就攻无不克、战无不胜了。怕的是自己患了病，茫然不知，处事犹豫不决，或过高地估价自己，由此而自大；或过分地崇拜他人，由此而自卑。一旦战胜自己，也就在思想上有了一个飞跃，人生会打开新的一页。

佛家妙语之四：人生最大的幸福是放得下。

一个人在处世中，拿得起是一种勇气，放得下是一种肚量。对于人生道路上的鲜花、鼓掌，有处世经验的人大都能等闲视之，屡经风雨的人更有自知之明。但对于坎坷与泥泞，能以平常心视之，就不容易。大的挫折与大的灾难，能不为之所动，能坦然承受之，这就是一种肚量。佛家以大肚能容天下之事为乐事，这便是一种极高的境界。既来之，则安之，便是一种超脱，但这种超脱又需多年磨炼才能养成。拿得起，实为可贵，放得下，才是人生处世之真谛。

仅以上四条佛家妙语，我以为足够每个人受用终生。归纳起来说，便是拥有健康、抛弃嫉妒、战胜自己、脚踏实地。这样做人，便不会有烦恼，不会滋生疾病。人的疾病，既有病理方面，也有心理方面的，后者对人的健康更为重要。心理上有了承受逆境的能力，有了病，也能正确对待，坦然处之，变有病为无病。佛家妙语，精诚之言，给我们凡夫俗子多少可贵的启示呀！

山头禅室挂僧衣，窗外无人溪鸟飞。

黄昏半在山下路，却听泉声恋翠微。

——孟浩然过融上人兰若诗

安静

宏智正觉的默照禅

默默忘言，昭昭现前

人生成长似乎在不断做着加法，其实最应该是做减法，不断放下，不断前进。放下最难，却也最是重要。

在一次关于生活艺术的演讲中，教授拿起一个装着水的杯子，问在座的听众：“猜猜看，这个杯子有多重？”

“50 克。”“100 克。”“125 克。”……大家纷纷回答。

“我也不知道有多重，但可以肯定人拿着它一点都不会觉得累。”教授说，“现在，我的问题是：如果我这样拿着几分钟，结果会怎样？”

“不会有什么。”大家回答。

“那好。如果像这样拿着，持续一个小时。那又会怎样?”教授再次发问。

“胳膊会有点酸痛。”一名听众回答。

“说得对。如果我这样拿着一整天呢?”

“那胳膊肯定变得麻木，说不定肌肉会痉挛，到时免不了要到医院一趟。”另一名听众大胆说道。

“很好。在我手拿杯子期间，不论时间长短，杯子的重量会发生变化吗?”

“没有。”

“那么拿杯子的胳膊为什么会酸痛呢?肌肉为什么可能痉挛呢?”教授顿了顿又问道：“我不想让胳膊发酸，肌肉痉挛，那该怎么做?”

“很简单啊。您应该把杯子放下。”一名听众回答。

“正是。”教授说道，“其实，生活中的问题有时就像我手里的杯子。我们埋在心里几分钟没有关系，如果长时间地想着它不放，它就可能侵蚀你的心力。日积月累，你的精神可能会濒于崩溃，那时你就什么事也干不了了。”

“生活中的问题固然要重视它，不能忽视，但不能老是拿在手上，不要总惦记着它，要适时地放手，让自己放松放松。不然，不知不觉间它会把你压垮。”

“朋友，拿起杯子的时候，要记得把它放下啊。”

我们的成长过程正如同这则故事一样，刚刚出生之时，心地纯洁，灵台清明，身心都是一张白纸，一派天真，婴儿期，包括儿童期，那真可谓是真正的活在当下，没有过去，没有未来，思虑非常少，因此也没有烦恼，不过这个时候的快乐并不是主动的，因此一般人对这段时期是没什么记忆的，浑浑噩噩的也就过去了，要注意，这个时候的活在当下和修行得道之人的活在当下是不同的。随着我们不断的成长，我们的心便不再守着自己的世界，不再快乐于自己的当下。心思开始外逐，开始变得患得患失。拥有的记忆不愿放下，拼命的执著身外的一切，贪嗔痴这三毒在这个时候变得尤其炽盛，我们不断执著着我们所不停背负的东西，越来越多，最终致使我们心力交瘁，于人生中悲观叹息，痛苦度日。拿起杯子的一瞬间，我们已经应该放下了，过去心不可得，现在心不可得，未来心也不可得。仔细想想，不就是这个道理吗，很简单，过去的事，如果我们还要执著，其实就是在折磨自己，你不能指着执著报仇，不能指着执著吃饭，除了消耗自己，折磨身边的人，一无是处。平静的面对，积极的生活，才是我们在这个世间应该有的处世态度。

默默忘言，昭昭现前，便是如此，不断地放下，最终你的自性就会现前，如果你总是执著于虚妄的情绪而不能自拔，就会越来越障碍到自己自性的显现，最终堕入轮回的深渊而不能自主。但是我们不要理解错了，不断地放下，并不是要大家放弃生活，当你不断地放下，处于这个过程中的时候，你会发现，放下后，你的生活会更为活泼，而非变成了枯木。你会发现你的生活，你所做的每一件事情，都是自性的显现，这个世界与我们是圆融的，虽然我们依然在经历着以前令我们悲喜无常的事情，但这时的我们，心境始终是宁静的喜悦，不再逃避，不再痛苦，取而代之的是积极如法的生活，每一个细节都变得充实与可靠。这就是一念提起与万缘放下的关系。

人生最难做到的便是放下，理想、事业、爱情、责任，种种负担，挑起来难，放下更难。昔年气盛，激情飞扬，青春怎可辜负；成熟渐起，小有成就，功名利禄丰收；爱妻幼子，怜爱呵护，责任重大如斯……这些都是人之常情，可也都是人人的负累和执著，追求容易，放下太难。佛法不是劝人逃避责任荒废光阴，而是教人从容闲适的面对生活。人生的成长似乎在不断做着加法，其实最应该做的是减法，不断放下，不断前进。放下最难，却也是最重要。

禅是一种生活。生活与禅的关系并不是割裂的，而是无二无别的，生活中处处体现了自性的光明，禅在细节当中，充满在我们生活的每一处角落，体现在我们所处理的每一件事情上。一念提起的同时，万缘放下，生活与禅无二无别。

文喜禅师，朝拜五台山，到达前，晚宿一茅屋，内住一老翁，文喜就问老翁道："此间道场内容如何？"

老翁回答道："龙蛇混杂，凡圣交参。"

文喜问："住众多少？"

老翁答："前三三，后三三。"

文喜第二天起来，茅屋不见了，而见文殊骑狮子住在空中，自悔有眼不识菩萨，空自错过。

文喜后来参访仰山禅师时开悟，因此就安心住下来担任典座（煮饭）的工作。一天他从饭锅蒸气上又见文殊现身，便举饭铲打，并说道："文殊自文殊，文喜自文喜，今日惑乱我不得了。"

文殊说偈云："苦瓜连根苦，甜瓜彻蒂甜，修行三大劫，却被这僧嫌。"

吾人因不明白自己本性，终日心外求法，故患得患失，若能自悟自性，"文殊自文殊，文喜自文喜"，两者有差异，实则无差异，何必自悔自恼呢？

文殊的偈语中，不是怕人嫌他，而是在说明三大阿僧只劫的修行，今天才真正逢到知音，有人认识他了。

原来，文殊、文喜是自他不二啊！

文殊、文喜自他不二，我们与他人自他不二，禅与生活也是自他不二。明白了这个道理，我们就会放慢执著的脚步，对他人宽容，在生活当中我们便会充满宁静的喜悦。同时，我们并不会因此而阻滞了我们奋斗的步伐，反而，我们的生活会更加美满，事业会更加辉煌，我们所能利益的众生也就越来越多，形成一个良性的循环。朋友们，放下执著，就能得到永远的快乐，何乐而不为呢？

香芭冷透波心月，绿叶轻摇水面风。

出守出时君看取，都芦只在一池中。

——佛鉴勤禅师诗

妙存默处，功忘照中

永远处于卑下的位置，
却又不断的静静地走向高处！

佛陀住世时，有一位名叫黑指的婆罗门来到佛前，运用神通，两手拿了两个花瓶，前来献佛。

佛陀对黑指婆罗门说："放下！"

婆罗门把他左手拿的那个花瓶放下。

佛陀又说："放下！"

婆罗门又把他右手拿的那瓶花放下。

然而，佛陀还是对他说："放下！"

这时黑指婆罗门说："我已经两手空空，没有什么可以再放下了，请问现在你要我放下什么？"

佛陀说："我并没有叫你放下你的花瓶，我要你放下的是你的六根、六尘和六识。当你把这些统统放下，再没有什么了，你将从生死桎梏中解脱出来。"

黑指婆罗门才了解佛陀放下的道理。

"放下！"这是非常不容易做到的，吾人有了功名，就对功名放不下；有了金钱，就对金钱放不下；有了爱情，就对爱情放不下；有了事业，就对事业放不下。

吾人在肩上的重担，在心上的压力，岂止手上的花瓶？这些重担与压力，可以说使人生、生活过得非常艰苦。必要的时候，佛陀指示的"放下"，不失为一条幸福解脱之道！

生活当中的我们更是如此，追名逐利，不亦乐乎，最终害人害己，到头来还不是一场空。当然了，我在这里并不是否定这种上进的精神，但我们首先要给"上进"分类，第一类上进，就是我前述的那种，心思外逐，将自己的内心完全依靠于外境之上，不断的去执著，随着外境的变化而变化，寄托于外境，便失去了自我，当然，这并不是真正的无我，只是在世间迷失了而已。世间一久，自然身心疲惫，众叛亲离。

在这里，重点要说一下第二类上进，这类上进是我们所提倡的，即是道德经中所谓的"见素抱朴"，在这个欲望纷杂，五彩斑斓的世界中，我们所缺乏的正是这种精神，随着西方的世界观不断侵入我们的生活，真正我们老祖宗宝贵的智慧财富却在一点点从我们的血液中流逝殆尽。处于当今社会中的我们，更多的只知道“争强”，却很少有人知道“守弱”，这两者是统一的，如果一个人真的想长期处于不败之地，那么他需要长期做的就是“守弱”，也就是要保持虚怀若谷的品德，时时刻刻以修德为本，这样才能使自己处于不败之地，否则，如果只知道“守强”，时间一久便会走到极端，以至一败涂地。古语说得好，“满招损，谦得益”，时刻保持虚怀若谷的作风，以修德为立身之本，这样才能乾坤相和，处于不败之地。在《人生的黑金》当中，作者对这种品质更是做了极其艺术感的描述，可以让我们更加立体的理解我所说的这第二类上进：

谦卑的庄稼，在秋天的阳光里，低下了深思熟虑的头颅。当我们讴歌丰收的幸福时，庄稼不语，它只是低调地倒在镰刀的怀里，顺着汗水的脉络，走向粮仓，成为人们盘中的美餐，成为来年春天使大地变绿的种子。这是低调的无声之美。

深秋篱笆院子里的菊花，风刀霜剑严相逼，万木凋零，只见一朵朵菊花握成铮铮拳头，低调地把一层层霜抖进泥土里，变成自己成长的养料，同时也给那些被风霜蒙蔽双眼的人们生活的信心。这是低调的魅力。

巍峨高峰上沉默的松树，在大雪压顶的时候，凛冽的寒风狂野的掠过，那些秀于森林、笔直地企图凌云的枝干最先被折断，而那些低调弯曲的枝干却承受着生命不能承受之重，积蓄着蓬勃的生机，未被寒风积雪所摧毁。这是低调的力量。

古人云：木秀于林，风必摧之；堆出于岸，流必湍之；行高于人，众必非之。你看，进门时忘记低头的人最先被碰着；风光时得意忘形的人，走下舞台，最容易摔跤；成功时忘记自警的人，最终跌倒在自身埋设的优势陷阱里；辉煌时放松进取的人，享受了暂短的掌声，最后比谁都凄凉。

低调，如同不起眼的煤。没人会在意它被埋在暗无天日的地下时所承受的重压，然而当它被有力的手臂掘出后，它就点亮了黑夜。

低调不是退缩，也不是无为，而是一颗成熟的心在经历人生百态后呈现的一种朴实风景；低调不是平庸，也不是无争，而是一种达观的胸怀在淡泊明志时所展现的一种广阔。

低调是一种风度，一种魅力，这种风度不张扬，不外显；这种魅力既含蓄，又内秀。

或许，在岁月的长河里一切会贬值，一切会慢慢化为尘埃，而低调，这人生的黑金，却以独特的光芒，给我们打开了一片透过人生阴霾而露出彩云的晴空。朋友们，让我们一起揣着这人生的黑金，静静地走向高处。

每个人都是上天精心打造的一座宝藏，现在已经开起，或有待开起，又也许将永远不被开起。这就是宝藏的意蕴，如果能找到一把合适的钥匙，它就将被开起。其实每个人都拥有开启这个宝藏的钥匙，只是你愿不愿意用“心”去把它开启。反观内省，当我们意识到了我们自性当中的那块人生的黑金，懂得了这个简单而又深刻的人生道理，千万不要轻易的错过，默默地守着它，时刻地注视着它，不为任何人生的起起落落而远离它，亦不为任何大得大失而忘记它。永远处于卑下的位置，却又不断的静静地走向高处！

千年苔树不成春，谁信幽香似玉魂。

霁雪满林无月晒，点灯吹角做黄昏。

——虚堂智愚禅师古梅诗

默为至言，照为普应

沉默不是退让，
而是积蓄下一次奋起的力量，
寻找时机走出人生真正的辉煌。

法远圆监禅师在未证悟前，与天衣义怀禅师听说叶县的归省禅师有高风，同往叩参。适逢冬寒，大雪纷飞。同参共有八人来到归省禅师处，归省禅师一见即呵骂驱逐，众人不愿离开，归省禅师以水泼之，衣褥皆湿。其他六人不能忍受，皆忿怒离去，唯有法远与义怀整衣敷具，长跪祈请不退。

不久，归省禅师又喝斥道："你们还不离开，难道待我棒打你们？"

法远禅师诚恳地回答道："我二人千里来此参学，

岂以一勺水泼之便去？就是用棒责打，我们也不愿离开。”

归省禅师不得已似地道：“既是真来参禅，那就去挂单吧！”

法远禅师挂单后，曾任典座（煮饭）之职，有一次未曾禀告，即取油面作五味粥供养大众。

当这件事被归省禅师知道后，就非常生气地训斥道：“盗用常住之物，私供大众，除依清规责打外，并应依值偿还！”说后，打了法远禅师三十香板，将其衣物用具估价后，悉数偿还已毕，就将法远赶出寺院。

法远禅师虽被驱逐出山门，但仍不肯离去，每日于寺院房廊下立卧。归省禅师知道后，又呵斥道：“这是院门房廊，是常住公有之所，你为何在此行卧？请将房租钱算给常住！”说后，就叫人追算房钱，法远禅师毫无难色，遂持钵盂到市街为人诵经，以化缘所得偿还。

事后不久，归省禅师对众教示道：“法远是真正参禅的法器！”并叫侍者请法远禅师进堂，当众付给法衣，号圆监禅师。

浮山法远禅师一生得力之处就是“为法忍耐”，用现代的话说，就是经得起考验。归省禅师不接受他挂单，骂他、打他、用水泼他，甚至罚他变卖衣单，补偿公款，即使睡在走廊檐下，也要房租，这一切都无法打退他千里求法的心愿，难怪最后连归省禅师都赞他是法器了。

看今日青年学者，名曰参学，若食宿待遇不好，则急急忙忙离去；若人情礼貌不够，则愤愤恨恨离开，比之法远禅师良可慨也。

这则禅宗故事，体现了一个道理，也是现代年轻人最缺乏的品质，那就是“深耕”，所谓“深耕”，就是在眼下看似毫无收获的境遇下，能够潜心学习，坐得住冷板凳，以期待机会，厚积薄发，成就自己的事业。人们总是在抱怨，说这个时代是一个出不了大师的时代，民国时期是中国最后一个大师兴起的时代，无论哪个领域，都是如此。其原因当然是多方面的，但在我看来，时代的原因是很重要的，随着西方快餐文化的侵入，我们正在面临着中西文化的张力，西方强势的文化很快消融了中国传统文化的独立性，使我们无所适从，文化的异常多元性必然会造成人心的浮躁，不知道该依止何处。这种内心的不坚定，站不住脚跟，在生活上的体现必然是多方面的，比如不断的跳槽，在男女关系上的不断开放，人心的冷漠等。这些现象归根结底都是内心浮躁的结果，不知道该坚定在何处，就必然会不断外逐，今天听着这个有道理，信几天，明天又看那个顺眼，始终停留在表面，最终乱花渐欲迷人眼，迷失在花花世界中不能自拔。

试想在这个时代中成长起来的青少年，又怎么能成长为大师呢。

当你的心迷茫了，疲惫了，不妨停下脚步，反思一下，沉下来看看自己的思绪，看看自己的内心，当这些迷乱的念头沉淀下来，你会发现你的思路会变得清晰，周围的一切也都随着清晰起来，何者为对，何者为错，自己该怎么样，心里如同明镜一般，视此世界如舞台，默默地注视着周围那些自以为是主宰者的演员。这时候你还需要说什么，“深耕”下去，沉下心来，如此在自己的领域当中奋斗，何愁不会成就一番事业，当你真正沉下心来，你的自心就可以作为你成功的向导，不需靠什么，不需说什么，脚跟站定，勇往直前。

有这样一个故事：一个远道而来的客人郑重其事地送给主人一个礼盒，主人非常开心地收下了，打开一看只是三个很普通的小金人。主人很奇怪地问远道而来的客人，为何送这样的小金人给他？

客人拿出三个小金人放在桌上，用一根稻草做了一个实验给主人看，当稻草穿过第一个小金人左耳的时候，稻草从右耳出来了；客人又用稻草穿进第二个金人的左耳，稻草立即从金人的嘴里吐了出来；当客人再次把稻草穿进第三个金人的左耳时，却被第三个金人吞进了肚子里，再也出不来了。

这个故事其实告诉了我们一个做人的道理：有种人做人很消极，对什么都不会用心去想，也很难用心去做，对生活是一种混日子的态度。也就是第一个金人，对所有一切都不会经过他的思维，更不会付诸行动，左耳进右耳出，好像什么都没有发生，这是一种对生活消极对抗的情绪，也是对自己的一种放纵，对好的意见和有建设性的提议甚至都懒得去理会，长时间地沉浸在自己固定的思维里面，不想发展也不想突破，做人以过一天算一天论。

有的人做人在小处很精明，喜欢着眼于眼前利益，也善于利用一切机会，为了显示自己的博闻，喜欢到处打听，然后不负责任地乱说。有的是因为头脑简单，凡事不用大脑，喜欢成为闲谈的主角，也许并没有多大的恶意，只不过对看到的、听到的不会加以分析，说出来的话只是对别人简单的重复，该说的、不该说的都说了出来。谈到有什么居心，也未必有，只不过有时候太热衷于传播一些不切实际的言论，让周围的人感到尴尬甚至搞出很多是非，而且很有可能被别有用心的人利用。做人有时候需要厚道一点，听到的和见到的未必是真实的，片面的言词会伤人于无形，不负责任的传播可能会给别人带来不必要的干扰。这也是第二个金人要告诫人们的：慎重自己的言行。

在一个特定的环境或是一个特定的时期，沉默是最好的处世为人。很多时候的很多事，不是谁想怎样就能怎样的，有许多客观和主观的因素影响着事态的发展。对很多未经证实的言论最好不要评说，放在肚子里，让不好的传闻止于你的沉默，对别人负责也是对自己的尊重。

现代的社会应该是张扬个性的年代，张扬的是自己的自信，沉默的是一些阴暗的东西。做人磊落，凭的是真正的能力，而不是踩着别人的肩膀还嫌不够稳妥，用一种似是而非的诽谤获取自己想要的东西，就算一切可以暂时得到，却失去了做人应有的尊严。

“沉默是金”，在人生纷乱的时刻，沉默静守才能保持自己的清醒。当生活的巨浪袭来的时候，用自己稳健的行动去抵挡，此时语言的力量是苍白的、无效的，就算你使尽全身的力量也喊不出与浪涛声相抗衡的音量，沉默不是退让而是积蓄下一次奋起的力量，寻找时机走出人生真正的辉煌。

海门瘦月远无斜，潮退虚声吼白沙。

短袖闲叉无事乎，荆山野寺看梅花。

——吕留良悟空寺观梅花

默照理圆，莲开梦觉

不依靠外物而幸福，
不造作，不拘束。
脚踏凡尘，心处云外，
幸福潇洒地走完这一生！

一对靠捡破烂为生的夫妻，每天一早出门，拖着一部破车到处捡拾破铜烂铁，等到太阳下山时才回家。他们回到家的时候，就在门口的院子里摆上一盆水，搬一张凳子把双脚浸在盆中，然后拉弦唱歌，唱到月正当空、浑身凉爽的时候他们才进房睡觉，日子过得非常逍遥自在。

他们对面住了一位很有钱的员外，他每天都坐在桌前打算盘，算算哪家的租金还没收，哪家还欠账，每天总是很烦。他看对面的夫妻每天快快乐乐地出门，晚上轻轻松松地唱歌，非常羡慕也非常奇怪，于是问他的伙计说："为什么我这么有钱却不快乐，而对面那对穷夫妻却会如此的快乐呢？"

伙计听了就问员外说："员外，想要他们忧愁吗？"

员外回答道："我看他们不会忧愁的。"

伙计说："只要你给我一贯钱，我把钱送到他家，保证他们明天不会拉弦唱歌。"

员外说："给他钱他一定会更快乐，怎么说不会再唱歌了呢？"

伙计说："你尽管给他钱就是了。"

员外果真把钱交给伙计，当伙计把钱送到穷人家时，这对夫妻拿到钱真的很烦恼，那天晚上竟然睡不着觉了。想要把钱放在家中，门又没法关严；要藏在墙壁里面，墙用手一扒就会开；要把它放在枕头下又怕丢掉；要……他们一整晚都在为这贯钱操心，一会儿躺床上，一会儿又爬起来，整夜就这样反复折腾，无法成眠。

妻子看丈夫坐立不安，也被惹烦了，就说："现在你已经有钱了，你又在烦恼什么呢？"丈夫说："有了这些钱，我们该怎样处理呢？把钱放在家中又怕丢了。现在我满脑子都是烦恼。"

隔天一早他把钱带出门，整条街绕来绕去不知要做什么好，绕到太阳下山，月亮上来了，他又把钱带回家，垂头丧气地不知如何是好。想做小生意不甘愿，要做大生意钱又不够，他向妻子说："这些钱说少，却也不少，说多又做不了大生意，真是伤脑筋啊！"

那天晚上员外站在对面，果然听不到拉弦和唱歌了，因此就到他家去问他怎么了？这对夫妻说："员外啊！我看我把钱还给你好了。我宁可每天一大早出去捡破烂，也比有了这些钱轻松啊！"这时候员外突然恍然大悟，原来，有钱不知布施，也是一种负担。

看看这则故事，生活当中的我们不也是这样吗，执著金钱。当然了，金钱是生存的必需品，是保证我们生活质量不可或缺的因素，这一点毋庸置疑，但如果我们把生活的全部重心都集中在金钱上，金钱成了我们的信仰，那么我们便必然会成为金钱的奴隶，寝食难安，《道德经》中所谓"金玉满堂莫之能守"，就是这个道理，想要守住自己真正的宝藏，要做的就是要时刻修德，居安思危，想挣钱，就要诚心诚意的布施，也就是要舍，可能看似矛盾，但这就是人生的规律。越是发自内心无私的人，其所获得的也就越多，这就是老子哲学当中的思想。佛教的修行也是一个道理，默然守着自己的真心，不受外物控制，依照着本心做事，便会事事合理，事事合情。

因此，我们应该放下沉重的包袱，不为贪婪所诱惑，择情而担，量力而行，不被贪婪所诱惑的人生是最没有负担的。因为没有人与他结怨，他也没有心机来和别人计较。这种日子最轻松，这样的人生最快乐。

有钱其实并没有什么不好，只是如果为钱所困，为钱奴役，不知道布施，那就是沉重的负担，钱再多也买不来快乐，买不来幸福和健康。

在纷繁复杂的生活之中，顺也好，逆也好，一个人应该有一个能永远让自己获得动力和幸福的源头，有一个支撑自己整个生活和全部灵魂的支点，这个支点能使你从中获得生活的勇气和动力，能让你透过生活的平淡甚至痛苦，看到生活的美好。找准这个支点，便足以让你在困惑中，或从艰辛困苦中品味出生活的意义。

上面我们举的例子是金钱，其实这个道理适用于很多情况下都是合理的，除去金钱，我们再举一个非常能够引起我们执著的词汇，那就是“爱情”，对爱情的执著，常常令我们苦恼，想不通，甚至因爱生恨，酿成惨剧。其实你仔细地反思一下，所谓的爱情，还不是在执著自己，“我”爱，“我”舒服，“我”快乐。当然，我再次强调，我并不是在批判爱情不对，而是我们的爱应该尽量不以执著心为心，这份爱应该是深沉的，应该换个角度，只要她/他幸福就行，如果换个角度来思考的话，放掉不必要的执著，你会发现，这份爱会变得更加美好，更加有意义，这样的爱，也能使你更加的深入到自己的内心，你自己真正的情感，真正的样子，也会变得清晰起来。

换句话说，只要不跟着执著走，你就会泰然，就不会有迷惑，无论什么时候心里都非常的清晰，下面我们看一则马祖与百丈二位禅师的公案，希望能对大家有所启发。

自古以来，“马祖创丛林，百丈立清规”，马祖禅师和百丈禅师是禅门两大功臣。

一天，马祖禅师和百丈禅师在散步，忽见一群野鸭子飞过去。马祖问道：“那是什么？”

百丈禅师不假思索地回答道：“是一群野鸭子！”

马祖禅师问：“飞到哪里去了？”

百丈禅师答：“飞过去了！”

马祖用力捏了一下百丈的鼻子，百丈痛得大叫！马祖便指着百丈的鼻子问：“不是在这里吗？你怎可说飞过去了？”

百丈听后，廓然大悟！但他一句话也不说，却回到房里痛哭，禅友问他为什么要哭？他照实告诉大家说马祖老师捏痛了他的鼻子。

禅友们不解地问道：“是你做错了什么事情吗？”

百丈禅师回答道："你们可以去问问老师！"

禅友们问马祖大师，马祖说百丈自己知道，禅友们再回头来问百丈，百丈却哈哈大笑，禅友们不解地问他："为什么以前哭，现在又笑呢？"

百丈禅师回答道："我就是以前哭，现在笑！"

上面这一段禅门有名的公案，实在寓有深长的意义。当然这不能用常理去推敲，这必得用禅心去体会。

马祖禅师问那是什么东西，百丈禅师回答说是野鸭子飞过去了，百丈是在时空上犯了错误，禅，怎可说什么这里那里？过去现在？马祖的这一捏，把时空的分界当下粉碎，百丈就悟了。百丈回答禅友说"以前哭，现在笑"，这是说，时空观念一变，永恒的本体现前，我与世界都不一样了，这就是当下认识了自我！

当然了，我们明白了不该执著，接下来，我们应该简单分析一下产生执著的原因，是什么让我们产生了执著，使我们的内心与外物相应，混在一起，产生迷惑、不安等一系列使得我们无法安心的因素。在这最后一章的最后一节，我们再来看一则公案，这则公案以譬喻的方式形象生动地说明了我们迷惑于这五浊恶世的原因，希望读者们看后能够体悟一二，真正能够在自己的生活当中得到快乐，不再悲恼。

仰山禅师有一次请示洪恩禅师道：

“为什么吾人不能很快地认识自己?”

洪恩禅师回答道：“我向你说个譬喻，如一室有六窗，室内有一猕猴，蹦跳不停，另有五只猕猴从东西南北窗边追逐猩猩。猩猩回应，如是六窗，俱唤俱应。六只猕猴，六只猩猩，实在很不容易很快认出哪一个是自己。”

仰山禅师听后，知道洪恩禅师是说吾人内在的六识（眼、耳、鼻、舌、身、意）追逐外境的六尘（色、声、香、味、触、法），鼓躁繁动，彼此纠缠不息，如空中金星蜉蝣不停，如此怎能很快认识哪一个是真的自己？因此便起而礼谢道：

“适蒙和尚以譬喻开示，无不了知，但如果内在的猕猴睡觉，外境的猩猩欲与他相见，且又如何?”

洪恩禅师便下绳床，拉着仰山禅师，手舞足蹈地说道：

“好比在田地里，防止鸟雀偷吃禾苗的果实，竖一个稻草假人，所谓‘犹如木人看花鸟，何妨万物假围绕’。”

仰山终于言下契入。

吾人为什么不能认识自己？主要是因为真心久被尘劳封锁。好比明镜，尘埃遮盖，哪里能显现明镜的光照？真心不显，妄心反而成为自己的主人，时时刻刻攀缘外境，所谓心猿意马，不肯休息。人体如一村庄，此村庄中主人已被幽囚，为另外六个强盗土匪（六识）占有，拟此兴风作浪，追逐六尘，人体村庄一室六窗，从此怎么平安？

说了这么多，无非是想让大家能够不依靠外物而幸福，这种幸福自内心油然而生，不造作，不拘束。人生在世，不过寥寥万日，让我们将灵魂拔高，脚踏凡尘，心处云外，再不纠缠于世间没有意义的争斗，幸福潇洒地走完这一生！

千峰顶上一间屋，老僧半间云半间。

夜晚云随风雨去，到头不似老僧闲。

——志芒千峰顶上诗